아침을 담은 죽

법송 스님

도서출판 자자

목차

004 책을 펴내며
006 우리나라 24절기

春

입춘
015 말린호박죽
017 콩가루묵은지죽
019 초석잠죽
021 고구마기장죽

우수
023 떡국갱죽
025 청국장두부죽
027 냉이콩나물죽
029 시래기죽

경칩
031 냉이콩가루죽
033 세발나물죽
035 방풍죽
037 삭힌고추콩나물죽

춘분
039 미역죽
041 고수죽
043 원추리고추장죽
045 홑잎죽
047 쑥죽

청명
049 미나리사과죽
051 곰취죽
053 창출흰콩죽
055 머위누룽지죽
057 머위꽃죽

夏

곡우
059 취나물죽
061 가죽고추장죽
063 오가피메조죽
065 나무고추나무순죽
067 참가죽잡곡죽

입하
071 돌미나리땅콩죽
073 녹차죽
075 땅두릅옥수수죽

소만
077 미나리밤죽
079 깨순들깨가루죽
081 방아죽
083 청경채녹두죽

망종
085 완두콩죽
087 완두콩호두죽
089 단호박완두콩죽
091 고추순죽

하지
093 상추보리장죽
095 옥수수양대죽
097 생강낭콩죽
099 감자완두콩죽
101 상추대궁죽

소서
- 103 아욱보리된장죽
- 105 호박들깨죽
- 107 오이옥수수죽
- 109 오이고추장죽
- 111 풋고추볶음죽

대서
- 113 풋고추콩죽
- 115 가지풋고추죽
- 117 참외죽
- 119 여름근대죽

입추
- 123 들깻잎가지죽
- 125 노각수제비죽
- 127 근대보리죽

처서
- 129 노각누룽지죽
- 131 녹두죽
- 133 녹두밤죽
- 135 아욱고추장죽

백로
- 137 마죽
- 139 된장호박잎죽
- 141 땅콩죽
- 143 고구마줄기죽

추분
- 145 누룽지건파래죽
- 147 호두시금치죽
- 149 느타리버섯죽
- 151 호박호박잎죽
- 153 호박씨죽

한로
- 155 흰죽
- 157 율무당근죽
- 159 메조단호박죽
- 161 율무죽
- 163 양배추당근죽
- 165 더덕죽

상강
- 167 깨죽
- 169 표고버섯꽁지죽
- 171 고구마토란죽
- 173 늙은호박죽

입동
- 177 대추죽
- 179 매생이죽
- 181 대추우엉차죽
- 183 호두죽
- 185 은행죽

소설
- 187 무죽
- 189 호두수수죽
- 191 차조은행잣죽
- 193 잣죽

대설
- 195 잡곡죽
- 197 당근두부죽
- 199 서리태죽
- 201 배추죽
- 203 돼지감자죽
- 205 콩죽
- 207 밤가루마죽

동지
- 209 팥죽
- 211 우엉죽
- 213 차조연근죽
- 215 서리태메조죽
- 217 흑임자죽

소한
- 219 팥연자죽
- 221 콩나물죽
- 223 배추무죽
- 225 토란죽
- 227 마른능이버섯죽

대한
- 229 파래죽
- 231 시래기된장죽
- 233 흑임자연근죽
- 235 연자죽

책을 펴내며

스님이라면 늘 수행으로 가득 찬 삶을 살 것으로 생각했습니다. 어떤 막연한 거룩함이 승가를 밝힌다고 여겼었지요.

그런데 살면 살수록 삶 그 자체가 수행이어서 따로 찾을 것도 없고, 거룩함이랄 것도 따로 없다는 것을 느끼고 있습니다.

하지만 삶은 익숙한 것입니다. 삶에 젖어 들어 수행과 거룩함도 낯익다고 여길 즈음, 감사하게도 수행처인 선방으로 돌아갈 수 있었습니다.

그곳에서 다시 한번 삶을 가득 채우는 카랑카랑한 수행과 뚜렷이 빛나고 있는 거룩함을 접했습니다. 끊임없는 알아차림이 있어야 비로소 삶이라는 평범함과 다름없는 수행을 만나고, 일상에서도 항상 밝은 거룩함을 다시 한번 만날 수 있었지요.

그런 곳에서 '죽'이라는 음식을 다시 생각할 수 있었습니다. 손쉬울 것 같지만 그렇게 쉽지만은 않은 음식인 것이 꼭 하루를 살아가는 시간 같았습니다. 가벼운 것 같지만 얼마든지 영양을 가득 담을 수 있다는 점이 가득하나 텅 빈 채 손에 잡힐듯한 깨달음의 한 자락인 것 같았지요.

마치 수행자 싯다르타가 부처를 이루기까지 남아있던 마지막 발걸음에 기운을 불어넣어 주었던 수자타의 우유죽처럼, 지금도 선방의 스님들은 죽으로 아침을 깨우곤 합니다. 그러면 하루는 곧 수행으로 가득 차올라 모든 일상의 거룩함이 생명이라는 하나의 결에서 밝아지지요.

단 한 끼 공양이라도 우리의 삶을 이어주는 식사에 그러한 마음과 공덕이 온전히 닿으면 좋겠습니다. 모두의 아침에 그런 밝고 맑은 사랑과 정성이 가득하면 좋겠습니다.

아울러 저의 아침, 부처님 다음으로 가장 먼저 만나는 형님.
사형이신 현도 스님은 저의 모든 시작을 봐주신, 저에게는 늘 아침 같은 분입니다. 먼저 깨어계시면서도 쉼이 없고, 무뚝뚝하기만 한 사제를 늦게까지 기다려주시는 분이시지요. 언제나 돌아가 의지할 품을 내어 주시는 형님과 언제라도 수고로움을 마다하지 않고 도움을 주시는 영선사 사부대중께 미처 말로, 글로 다하지 못하던 마음을 그저 이렇게 전합니다.

늘 감사합니다.

2024년 10월
출가사문제자 법송 합장

우리나라 24절기

우리 조상들은 자연의 흐름에 따라 한 해를 24개의 절기로 나누어 기후 변화와 계절의 변화를 세밀하게 관찰하였습니다. 이 절기들은 사계절의 시작을 알리는 입춘, 입하, 입추, 입동을 비롯해 밤과 낮의 길이가 같아지는 춘분과 추분, 더위와 추위가 확연히 드러나는 소서와 대서, 소한과 대한 등으로 나뉘고 있지요. 농경사회에서는 이러한 절기가 농사와 일상 생활의 기준이 되기도 하였고, 농작물의 수확, 기후 변화, 생태계의 움직임과 밀접한 연관이 있습니다. 오늘날 수경재배, 하우스 재배 등으로 인해 많은 채소나 과일을 철없이 시시때때로 찾을 수 있지만, 그래도 사찰에서는 절기에 맞는 채소나 과일을 주 재료로 대부분의 음식을 만들고 있습니다.

입춘   봄이 시작되는 시기로, 2월 4일경입니다. 추운 날씨가 이어지고 있기는 하지만 서서히 봄의 기운이 느껴지지요. 냉이, 봄동 등이 겨울 추위를 견디고 나오기 시작합니다.

우수   얼음이 녹고 비가 내리기 시작하는 시기로 2월 19일 경에 해당합니다. 봄비가 오기 시작하면 농사를 위한 첫걸음이 시작되지요. 이 시기부터 냉이는 점차 진한 맛을 내며, 봄내음을 알리는 중요한 식재료가 됩니다.

경칩   3월 6일 경으로, 겨울잠을 자던 벌레들이 깨어나는 시기입니다. 개구리가 여기저기 알을 까는 시기이기도 하지요. 경칩 무렵엔 봄의 기운이 더욱 강해지며, 땅속에서 겨울을 난 생명들이 모습을 드러내기 시작합니다. 냉이, 쑥 등이 제철 식재료이며, 특히 쑥은 경칩 이후로 무성하게 자라납니다.

춘분   밤과 낮의 길이가 같아지는 춘분은 대개 3월 21일 경입니다. 본격적으로 봄이 시작되지요. 대지는 생명력이 넘치는 시기로, 봄나물 마저도 지천에 있습니다. 제철 채소로 냉이, 쑥, 미나리, 봄동 등이 있는데 신선한 봄나물들이 다양한 요리에 활용됩니다.

청명 하늘이 밝고 맑아지는 청명입니다. 4월 5일 경에 해당하며, 본격적인 농사준비가 시작됩니다. 봄날씨가 더욱 따뜻해지지요. 미나리, 씀바귀가 지천이며, 농부들이 밭을 갈고 씨앗을 뿌리기 시작하며 농사에 활력이 더해지는 시기입니다.

곡우 '곡식에 내리는 비'의 절기 곡우입니다. 4월 20일 경이며, 이때 내리는 봄비는 곡식이 자라기 좋은 환경을 만들어 줍니다. 미나리, 씀바귀, 그리고 쑥 등이 제철이며, 비를 맞은 농작물들이 성장에 박차를 가합니다.

입하 5월 6일 경으로 여름의 시작을 알리는 절기입니다. 농작물이 빠르게 자라기 시작하며 상추, 시금치 등이 납니다. 농부들은 보리 수확을 준비하고, 모내기가 시작되면 농사가 바빠집니다.

소만 만물이 점차 차오릅니다. 여름이 본격적으로 오는 시기이지요. 5월 21일 경에 해당하며, 상추, 시금치들이 제철 농산물입니다. 더위가 본격화되기 전이므로, 신선한 채소가 많이 나오고 농작물의 성장이 활발합니다.

망종 6월 6일 경으로 씨뿌리기 좋은 계절입니다. 밀과 보리 등 곡식이 무르익습니다. 상추, 감자 등이 나며 특히 보리가 잘 자라게 됩니다.

하지 낮이 가장 길고, 밤이 가장 짧은 하지입니다. 6월 21일 경으로 이때부터 여름 더위가 본격적으로 시작됩니다. 농작물의 성장이 절정을 이루며 하지 감자, 애호박, 오이 등이 주로 납니다. 긴 낮의 햇빛 덕분에 작물들이 왕성하게 자라날 수 있습니다.

소서 7월 7일 경입니다. 더위가 시작된다고는 하지만 아직 제법 견딜 만합니다. 여름 더위를 대비하려고 부채를 준비하는 풍습이 있는 날이기도 하지요. 밭에는 참외, 오이, 가지, 호박이 한창입니다.

대서 일년 중 가장 더운 시기입니다. 7월 23일 경으로 농작물이 무르익고, 더위가 극에 달하며, 생명력 넘치는 채소와 과일이 풍부한 시기입니다. 수박, 참외, 오이, 가지, 호박이 제철입니다.

입추 입추 8월 7일 경으로 가을의 시작을 알립니다. 아직은 남아 있는 여름 더위에 스르르 가을이 다가옵니다. 참외, 수박, 호박이 제철이며, 농작물이 여물어 갑니다.

처서 더위가 한 풀 꺾이고 시원한 바람이 불기 시작하는 절기입니다. 8월 23일 경으로 배, 복숭아, 자두가 제철입니다. 처서 이후로 여름 더위가 물러가며 본격적인 수확이 이루어집니다.

백로 이슬이 내리기 시작하는 백로입니다. 9월 8일 경으로 아침 저녁으로 서늘한 기온이 맴돌고 가을이 깊어 갑니다. 복숭아, 포도, 배 등이 더욱 맛있어지고, 농작물의 수확이 본격적으로 이루어지지요.

추분 낮과 밤의 길이가 같아집니다. 9월 23일 경으로 농작물의 가을걷이가 한창입니다. 사과, 배 등 가을 과일이 풍성하게 수확됩니다.

한로 차가운 이슬이 내리기 시작한다는 한로입니다. 10월 8일 경으로 기온이 급격히 떨어지고 가을이 깊어집니다. 사과, 배, 밤 등이 제철이며, 가을의 마지막 수확을 준비합니다.

상강 서리가 내리기 시작합니다. 10월 23일 경으로 가을의 끝자락에서 겨울 준비가 시작됩니다. 대추, 감, 밤 등이 제철입니다. 서리가 내리기 시작할 즈음 마지막으로 가을열매 걷이가 이루어집니다.

입동 겨울이 시작됩니다. 11월 7일 경으로 첫눈이 내리기도 하지요. 무, 배추, 갓 등의 제철 농작물로 김장을 준비하는 시기이기도 합니다.

소설 작은 눈이 내린다는 소설입니다. 11월 22일 경으로 겨울이 서서히 다가오며, 날씨가 추워집니다. 무, 배추, 갓이 제철입니다.

대설 큰 눈이 내리는 대설입니다. 본격적인 겨울이 시작되며 날씨가 매우 추워지지요. 12월 7일 경으로 무, 배추, 갓이 제철이며, 대부분의 지역에서 김장을 마무리합니다.

동지 팥죽이 생각나는 동지입니다. 12월 22일 경으로 밤이 가장 길고 낮이 가장 짧은 시기입니다. 무, 배추가 제철이지요. 동짓날 팥죽을 먹으면 액운을 막고 한 해를 건강하게 보낼 수 있다고 생각하는 풍습이 있습니다.

소한 1월 5일 경으로, 겨울이 절정에 이를 때입니다. 동장군의 기세가 느껴지는 매우 추운 날씨로 무, 배추, 시금치가 맛있을 때입니다.

대한 1년 중 가장 추운 때로, 한파와 혹한을 견뎌야 하는 시기입니다. 1월 20일 경으로, 대한이 지나면 겨울 추위가 갈무리되기 시작하지요. 무, 배추, 시금치가 제철입니다.

오관게

이 음식이 어디서 왔는고
내 덕행으로 받기가 부끄럽네
마음의 온갖 욕심 버리고
몸을 지탱하는 약으로 알아
도업을 이루고자 이 공양을 받습니다.

공간 속에 서 있는 따사로운 봄을
청객인 듯 이 방인처럼 대한다.
색 다름의 봄은 무엇이길래…

춘분

색이 차오른다. 봄의 색이 말이다.
색즉시공 공즉시색
시간도 같음을
시각적으로 알아챈다. 사방에서 전해오는 봄의 파동이
공중으로 내던져졌던 북쪽 찬 바람은
시나브로 하나 되어 동쪽 하늘 뒤에 숨어버리더니
푸르른 기운이 되어 보이지 않는다. 언젠가 푸르른 보리
색으로 넘실넘실 춤을 추며 찾아오겠지…

청명

수없이 마주했던 내 나무
상처는 감싸주며
시행복은 안겨주고
제법 탁에 설적이게도
자리에 보려하니 보이질 않네
샘하듯 새들이 소리를 얹네
사르륵 사르륵 맞추어 비가 내리니

곡우

리듬 자르륵 자르륵
법어울리는 화음은
상공의 종고의 울림처럼 퍼져나가
불상속의 초로
생상이 여기저기 싹을 틔우네.
불이 있어 멸하다가 갑자기
멸로 장성이 오려하는구나
멸 나물의 심장 같은 잎이 나를 여름으로 이끈다.

입춘

관계를 맺는다는 것보다
자연적으로 이어지는 인연이 좋다.
재회의 기쁨
보고 싶었다 봄아
살아내는 힘을
행여 놓칠까
심한 낯빛 감춘 채
반가움으로 내디딘다. 주춤하여 뒤돌아
야윈 듯한 모습
바라보니
라일락 빛 퍼져나가듯
밀어내지는 겨울이
다시 오마. 떠나간다.

우수

조팝나무 가지 잔설의
견줄 데 없는 눈부심이
오롯하게 전해지면
온 세상 봄의 전령이 깨어난다.
개진(芥塵 티와 먼지)은 꿈틀거리며
공중으로
도망가듯 사라지고, 어느새
일도 이기지 못하고
체온을 그러진 얼음이
즈넉한 겨울 풍경 담긴
액자 속으로 들어가 버린다.

경칩

사람 사이의 봄의 소통
리뷰는
자연스러움을 모른 척 하네. 웅크린 채 봄의
색이 강하게
거지길 바란다.
불거지길 바란다.
이 찰나의 시간을
공허한 리뷰 훑음으로 응시하며, 이

春

곡청춘경우입
우명분칩수춘

말린호박죽

지난 가을 갈무리해 두었던 노란 호박을 뭉근히 끓여줍니다. 계절의 햇볕을 골고루 받아 잘 여문 호박을 말리면 보관도 용이하고 특유의 달큰함이 올라오지요. 봄맞이 기지개를 펴고 있는 대지처럼 우리 몸도 기지개를 켜라고 투둑투둑 도라지 뿌리 넣어가며 보양죽을 끓입니다.

말린호박 100g, 찰누룽지 150g, 도라지 3뿌리, 소금 약간, 물 10컵

1. 말린 호박은 씻어 물을 부어 뭉근히 끓인다.
2. 도라지는 두드린 후 짧게 찢는다.
3. 호박이 끓어오르면 누룽지와 도라지를 넣고 뭉근히 끓인 후 소금으로 간한다.

원컨대 이 죽의 향기 법계에 두루하여
세상의 깊고 깊은 근심 풀어지며
삼계의 고품을 여의옵고
바른 생각을 내어지이다.

콩가루묵은지죽

절기가 바뀌듯 김치의 맛도 처음과 달라 시큼한 묵은지가 되었습니다. 너무 묻은 고춧가루는 한손으로 걷어 내고, 쫑쫑 썬 김치를 콩가루에 버무려 봅니다. 고기를 넣어야 맛인 줄 알았는데, 콩가루의 담백함에 손이 자꾸 가네요.

묵은지 1/4쪽, 밥 1그릇, 생콩가루 1컵, 김칫국물 1/3컵, 소금 약간, 물 4컵

1 밥에 물을 넣고 중불에서 끓인다.

2 김치는 쫑쫑 썰어 생콩가루에 버무린다.

3 *1*이 끓고 20분 후에 *2*를 넣어 죽이 퍼지게 끓이고, 소금과 김칫국물로 간한다.

묵은지를 꺼내보니

해를 넘어온

희·노·애·락이 묻어 있네.

시작되는 봄을 위해

묵은 감정 털어내며

겨울까지 털어 본다.

잘가라

나의 겨울아

초석잠죽

누애처럼 생겼다는 초석잠은 사각사각 재미있는 식감을 가졌습니다. 스르륵 갈아 버리면 숨어있던 이 재미가 사라질까봐, 쫑쫑쫑 새봄을 담아 썰어 봅니다. 새싹의 빛깔이 맴도는 은행도 대충대충 다져주세요. 뭉근히 끓이던 죽에 마지막 수를 놓으니 봄 맞이에 손색없는 죽 빛이 맴돕니다.

> 겨울의 보배 같은
> 봄의 정령께서
> 기운으로 세례를 퍼시니,
> 드디어 봄
> 원융이 무애하여 지이다.

초석잠 200g, 쌀 1컵, 은행 20알, 참기름 약간, 소금 약간, 물 7~8컵

1. 쌀은 씻어서 참기름 몇 방울을 떨어뜨려 빡빡 문질러 끓는 물에 넣어 끓인다.
2. 초석잠은 썰어서 참기름, 소금에 볶고, 은행은 다져둔다.
3. 죽이 50% 퍼지면 초석잠을 넣고 뭉근히 끓이다가 죽이 다 퍼지면 은행과 소금을 넣고 한소끔 끓여 낸다.

春 입춘

고구마기장죽

겨울이 가려나 봅니다. 몸도 맘도 꽁꽁 얼어붙은 것만 같았는데, 문득 창 끝을 타고 드는 은은한 노란빛에 살살 얼음들이 녹아갑니다. 그 빛을 따다 노랑 고구마와 기장에 붙들어 매고 오늘 아침 봄맞이 죽을 끓입니다. 은은하게 퍼지는 자연스런 달콤함과 조잘조잘 자잘하게 퍼지는 고소함이 내 맘의 겨울을 한 번 더 간지럽히기 시작합니다.

고구마 1개, 기장 1컵, 소금 약간, 물 8컵

1 기장은 깨끗이 씻어 물을 넣고 끓인다.
2 고구마를 깍둑 썰기 하여 끓는 기장죽 속에 넣고 푹 끓인다.
3 죽이 퍼지면 소금으로 간한다.

> 짚으로 엮어둔 통가리 속 고구마
> 곳간 항아리에서 꺼낸 조 한 됫박
> 잘 섞어
> 봄을 그려 본다.
> 나만의 봄
> 곧 다가올 봄
> 봄은 그려가는 거다.

떡국갱죽

이걸 만들다 말고 잠시 고민스럽습니다. 죽이라고 하기엔 국밥스럽고, 국밥이라 하기엔 죽스러운데 거기에 떡국떡도 들었습니다. 어릴 때, 찬바람과 봄바람이 만날 때 즈음, 김치 탈탈 털어 넣고 어머니가 끓여 주시던 그 갱죽입니다. 추억 속 맛은 어찌해도 따라갈 수가 없지만, 아른아른 어릴 적 기억이 손끝을 타고 이어집니다.

밥 1/2공기, 콩나물 200g, 신김치 200g, 떡국떡 150g, 간장 약간, 채수 7컵

1. 채수에 밥을 끓이다가 콩나물, 신김치, 떡국떡을 넣고 끓인다.
2. 떡과 쌀이 퍼지면 간장으로 간을 맞춘다.

티끌마다 서로 엮어
하나로 합치니,
각각의 고유한 소식
언제 알 수 있을까?
옛 어른들의 지혜로운 온정
절로 숙어지는 머리

청국장두부죽

우수입니다. 눈이 녹아 물이 되기 시작하지요. 씨앗들이 하나 둘 싹을 틔우기 시작했지만, 아삭함만큼은 아직 콩나물을 따라올 것이 없습니다. 노랑 머리 콩나물은 손가락 한마디만큼 쫑쫑 썰고 두부도 식감 있게 깍둑 썰어서 바글바글 죽을 끓여보세요. 마지막엔 청국장과 간장으로 마무리하면 속이 뜨끈한 한끼 죽이 만들어집니다.

> 나의 이름을 듣는이
> 괴로움을 여이고
> 나의 모습 보는 이는
> 바른 생각을 내기를...

청국장 200g, 두부 1/2모, 싸래기쌀 1컵, 콩나물 150g, 표고버섯 3개, 간장 1큰술

1. 싸래기는 씻고, 표고버섯은 다져 끓는 물에 함께 넣고, 중불에 끓인다.
2. 두부는 깍둑 썰고 콩나물은 2~3cm 길이로 잘라 함께 넣고 끓인다.
3. 죽이 퍼지면 청국장과 간장을 넣어 한소끔 끓인 후 낸다.

냉이콩나물죽

산과 들이 쉬어 가는 겨울 동안에도 땅속에서 뽀작뽀작 올라오던 냉이 향이 지천에 퍼지기 시작했습니다. 아직도 남아있는 차가운 기운에 손가락 싹싹 비벼가며 냉이를 캐어봅니다. 어린 냉이 흙자락을 싹싹 씻어다 콩나물 썰어 넣고 죽을 만듭니다. 몰래 쫓아온 겨울 냉기는 고추장 한 스푼 넣어 낼름 쫓아 냅니다.

무심히 툭 던져 놓은 듯
밭 두둑에 놓여 있는 냉이
겨우내 냉기 속에서 단단해진 냉이 뿌리
호미 끝 살짝 넣어 끄집어본다.
앗차차!
냉이 향주머니를 건드렸나 보다.
봄냄새가 콧속으로 슬그머니 들어온다.

냉이 2줌, 콩나물 2줌, 밥 1공기, 물 8컵

1 물이 끓으면 밥과 냉이를 넣어 뭉근히 끓인다.
2 밥이 퍼지면 콩나물과 양념을 넣고 한소끔 더 끓인다.

양념
고추장 1큰술, 고춧가루 1큰술, 간장 1큰술

시래기죽

자칫하면 버려질 뻔한 시래기들을 갈무리해 두길 정말 잘했습니다. 바지런 떨었던 그날의 내게, 이 죽 한입 먹으면서 애썼다 말해봅니다. 비록 죽을 만들 때도 오래도록 푹푹 삶아내어 공이 들지만, 이 음식이 어디서 왔는가 뒤돌아보면, 조금은 덜 부끄럽게 느껴집니다. 다가오는 새봄도 하루하루 애쓰겠지만, 다음날 곱씹어도 애썼다 잘했다 말할 수 있는 나날이기를 바랍니다.

시래기 300g, 불린 쌀 1컵, 두부 1/2모, 된장 1큰술, 물 10컵

1 시래기는 4~5cm로 썰어서 양념에 재어 두었다가 끓는 물에 넣어 끓인다.

2 **1**이 끓으면 쌀을 넣어 중불에서 쌀이 퍼질 때까지 끓이되, 처음에는 젓지 않고 끓이다가 쌀이 70%정도 퍼지면 저어 준다.

3 **2**에 두부를 으깨어 된장과 함께 넣고 한소끔 끓여 낸다.

양념
간장 1큰술, 참기름 1작은술, 들기름 1작은술

무청에 벌레가 몰래 먹은 흔적을 통해
하늘을 본 적이 있는가!
그 구멍으로 불어오는 바람을
손바닥으로 느껴본 적이 있는가!
벌레에게는 삶이요
무청에게는 견뎌야 함이요
그 삶과 살아냄에 고마워하며
하얗고 말랑말랑한 두부 같은 마음으로
어루만져 줘야 하리라

 우수

냉이콩가루죽

봄의 기운이 완전히 시작된다는 경칩입니다. 빼꼼히 어린 잎을 내밀던 냉이는 어느덧 잘 자라서 어떤 곳에서도 제 향기를 진하게 뿜어냅니다. 오늘 아침은 냉이를 가지고 상쾌하고 고소한 봄의 죽을 끓여봅니다. 냉이에다 부드럽고 고소한 콩가루 옷을 입히고 소금으로만 간하면 간단하지만 조화로운 봄향기를 닮은 죽이 됩니다.

시방삼세 두루한 일깨움이
본(本) 소식을 알고자
생각마다 망상을 쉬라 하네

냉이 150g, 쌀 1컵, 생콩가루 1컵, 간장 1큰술, 소금 약간, 물 10컵

1. 쌀을 기름 없이 볶아 물을 부어 죽을 쑤기 시작한다.
2. 냉이에 소금과 생콩가루를 묻혀 *1*에 그대로 넣어 뚜껑을 덮고 약한 불에서 뭉근히 끓여 낸다.

세발나물죽

가느다란 세발나물이 나왔습니다. 갯벌의 염분을 먹고 자란다고 해서 갯나물이라고도 하지요. 시금치보다도 훨씬 칼슘이 많다고 하니, 이 죽을 먹고 나면 왠지 뼈가 튼튼해질 것 같습니다. 주로 겉절이를 해 먹지만, 이렇게 콩과 함께 죽을 만들어도 신선한 맛과 식감이 살아있습니다. 소금 말고 고추장, 된장으로 간해주세요.

세발나물 300g, 불린 흰콩 1/2컵, 쌀 1컵, 물 10컵

1 쌀은 씻어 볶다가 불려둔 흰콩과 물을 부어 중불에서 끓인다.
2 죽이 70% 퍼지면 양념과 세발나물을 넣어 끓인다.

양념
고추장 1큰술, 된장 1큰술, 고춧가루 1작은술, 간장 1큰술

겨울이여 돌아가라 진리의 고향으로
망상을 쉬고 가라
다른데로 가지 마라

다가오지 말아줄래
언젠가 내가 다가갈게.
흔들지 말아줄래
저절로 흔들릴 때가 올거야.
제발 내버려둬 줄래
그냥 이렇게 흘러가게.
걱정은 넣어둘래
이 끝은 있을테니.

방풍죽

방풍(防風). 풍을 막아준다는 풀이 있습니다. 해풍을 맞으며 강하게 자라 그 성품 역시 바람을 이겨내나 봅니다. 이렇게 자연을 똑 부러지게 닮은 풀을 다듬어 삶아 둡니다. 향까지도 꼿꼿하여 그 맛에 호불호가 있습니다. 하지만, 상큼한 봄 햇살 비치는 초봄에만 잠깐 나오는 풀이니, 오늘의 죽은 다들 호호 하며 먹었으면 좋겠습니다.

방풍나물 200g, 누룽지 100g, 물 6컵

1. 방풍나물은 다듬어서 삶아 둔다.
2. 누룽지를 10분 정도 삶은 후 방풍나물과 양념을 넣고 뭉근히 끓인다.
3. 죽이 다 되어갈 무렵 뚜껑을 덮어 한소끔 끓인 후 불을 끈다.

양념
고추장 2큰술, 고춧가루 1큰술, 간장 1큰술

삭힌고추콩나물죽

가을 걷이 마치고서 걷었던 애동고추에 귀한 소금 가득 뿌려 삭혀두었습니다. 겨울 동치미에 한 주먹 넣고 난 고추지들은, 어디 쓸지 고민 말고 죽에 넣어 보세요. 짠물 우린 삭힌고추는 잘 볶아주고, 달달아삭한 콩나물죽에 넣어주지요. 어디 쓸 지 모르겠다던 삭힌 고추덕에 단짠단짠 설레는 죽이 완성되었습니다.

콩나물 300g, 누룽지 100g, 고구마 100g, 삭힌 고추 10개, 물 9컵

1 고구마는 깍둑 썰어 끓인다.
2 누룽지는 끓는 고구마에 넣어 함께 끓인다.
3 콩나물을 잘게 썰어 누룽지가 퍼지면 넣고 한소끔 끓인다.
4 삭힌 고추를 다져서 참기름에 볶은 후 죽 위에 올려 낸다.

넌 늘 나에게
그래 그게 옳아!
그래 그게 맞을 것 같아!
그래 그래!

그랬구나!
너는 나를 위했구나...
너는 나만 생각했구나...
너와 같은 자리에 앉으니 들려온다
삭히고 삭혔던 너의 소리가

고맙다
나를 믿어줘서
나를 지지해줘서

미역죽

어린 아이들이 돌고래마냥 신나는 소리를 내고 죽을 먹습니다. 미역이 익숙해서 인지 아니면 오늘따라 유난히 간이 잘 맞았는지는 모르겠습니다. 불린 미역 달달 볶다가 된장 고추장 넣고 바닷 내음 살짝 죽인 푹 퍼진 이 죽은 흔한 재료로 기분 좋은 맛을 내는 은근한 힘을 가졌습니다.

마른 미역 30g, 밥 1공기, 참기름 3방울, 물 10컵

1 불린 미역은 빨아서 참기름에 볶다가 물을 부어 끓인다.
2 미역이 끓어오르면 양념을 넣고 뭉근히 끓인다.
3 미역이 퍼지면 밥을 넣고 밥이 퍼질 때까지 끓인다.

양념
된장 2큰술, 고추장 1큰술, 간장 1큰술

함께해야 한다.
하늘과 바다와 땅이.
마땅히 법계 성품 꿰뚫기를.

고수죽

동남아 여행을 온 것 같습니다. 고수에 익숙하지 않은 분들에겐 부담스러울 수도 있을 것 같아요. 쫑쫑 썬 고수에 땅콩을 넣고 뭉근히 끓이면 독특한 향의 죽이 되는데, 큼직이 한 스푼 둘러준 식초 덕에, 죽을 먹으면서도 다른 요리를 먹는 것 같은 착각이 들게 합니다.

위로 냉철한 지혜를
아래로 은근한 투지를
그렇게 앉아
화두를 들고 정진한다.
모름지기 스님 노릇에
이 것 만한 것이 없다.

고수 2줌, 밥 2공기, 땅콩 1/3컵, 숙주 2줌, 식초 1큰술, 소금 약간, 물 6컵

1 끓는 물에 밥을 넣고 끓인다.
2 고수는 씻이 쫑쫑 썰어 두고, 땅콩은 거칠게 부수어 둔다.
3 밥이 퍼지기 시작하면 고수와 땅콩을 넣고 뭉근히 끓인다.
4 거의 죽이 다 퍼지면 숙주, 소금, 식초를 넣는다.

원추리고추장죽

원추리에는 독이 있어 반드시 따로 데쳐서 사용해야 합니다. 데친 원추리를 양념에 잘 재워 두었다가 흰쌀이 퍼지면 함께 넣고 끓여주세요. 따로 데치는 과정이 한 손 더가지만 원추리에서만 느낄 수 있는 연둣빛 봄향기가 따로 있으니, 이 순간을 놓치지 마세요.

원추리 200g, 쌀 1컵, 참기름 약간, 물 8컵

1 쌀을 참기름에 볶다가 물을 부어 끓인다.
2 원추리는 데쳐서 씻어 양념에 재워 둔다.
3 죽이 퍼지면 재워 둔 원추리를 넣고 끓인다.

양념
고추장 2큰술, 간장 1큰술, 깨소금 2큰술

독이 있음을 안다
그래서 빼고 삶는
지혜를 터득한다.

홑잎죽

추운 겨울 겉옷이 터덜터덜 벗겨지던 화살나무는, 어느새 봄기운 완연한 새싹을 틔웠습니다. 아주 잠깐, 꽃잎 같은 새잎을 틔우는 순간이 있지요. 이 봄을 한 움큼 따다가 죽을 만들어 봅니다. 자칫 밋밋할 수 있으니 녹두와 버섯 꽁지로 감칠맛을 더합니다.

홑잎 2컵, 버섯꽁지 1/2컵, 깐 녹두 1/2컵, 밥 1/2공기, 소금 약간, 물 8컵

1. 버섯꽁지를 결대로 찢은 후 밥, 깐녹두와 함께 넣고 뭉근히 끓인다.
2. 홑잎은 깨끗이 다듬어 데친 후 찬물에 헹궈 **1**에 넣고 함께 끓인다.
3. 죽이 되면 소금으로 간하고 마무리 한다.

한 장은 찢어버리고
한 장은 넘겨버리던
무한정의 시간들은
하나둘씩 사라져 가고
깜빡깜빡 별빛 같은 시간들이
경망스럽게 발걸음을 재촉한다.
빠름이
서두름이
영혼을 지배하지 않기를

쑥죽

여기저기 겨울잠 깨어난 동물들이 부지기수지만, 코끝에 쑥 향이 일어야 봄이 온 것 같습니다. 어린 쑥 따다 살살 어루만져 쑥국을 끓이고, 쌀가루 탈탈 털어 쑥털이도 만듭니다. 아침부터 부산 떨고 쑥죽도 만들어요. 이렇게 내게로 온 봄의 향기가 이 몸을 인연삼아 세상 속에 봄볕같이 퍼져 가길 바라봅니다.

쑥 3줌, 밥 1공기, 불린 흰콩 1컵, 소금 약간, 물 8컵

1 끓는 물에 밥을 넣어 중불에서 뭉근히 끓인다.

2 쑥은 깨끗이 씻고, 흰콩은 갈아서 *1*에 넣고 뭉근히 끓인다.

3 소금으로 간하여 낸다.

아주 먼 옛날에도 있었고
지금도 내 옆에 있어준
너라는 진리 변함 없었기에 모르고 있었다.

뚝심있게 지켜온 너의 근성
말이 없었기에 모르고 있었다.

미나리사과죽

청명한 가을 하늘이라지만 이 봄철에 이 날씨야 말로 청명합니다. 하늘같이 맑디 맑은 향을 풍기는 미나리와 사과를 가지고 죽을 끓입니다. 죽에 무슨 사과냐고 갸우뚱 할 수도 있지만, 향긋한 미나리와 사과는 찰떡같이 합이니 봄날의 하늘같은 죽을 드세요.

미나리 200g, 사과 1/2쪽, 쌀 1/2컵, 참기름 약간, 소금 약간, 물 6컵

1. 쌀을 씻어 뭉근히 끓인다.
2. 미나리는 씻어 2cm 정도 길이로 잘라 참기름과 소금을 넣고 볶는다.
3. 쌀이 80% 정도 퍼지면 볶은 미나리와 사과를 넣고 소금으로 간하여 한소끔 끓여 낸다.

사과꽃이 일찍 피려나
미나리의 상큼함이 너울너울 퍼져온다.

늘 처음은 풋내가 나기 마련이지만
오롯이 순수함을 마주할 수 있는 벅차오름이 있다.

수행자여 돌아가라 진리의 고향으로
망상을 쉬고 가라 헛길을 가지 마라.

곰취죽

깊은 산속 곰들이 먹는 나물이라 해서 곰취라고 불렀다지요. 쌉싸름한 봄의 향기가 그득합니다. 국화과 식물 중에 사람들이 먹는 것에 '취'자를 붙인다 하니, 곰도 사람도 모두 사랑하는 봄나물인가 봅니다. 첩첩산중 사람 손 닿지 않는 것일랑 곰들에게 모두 양보할테니, 산비탈 내 손 닿는 풀은 봄바구니에 한아름 담아봅니다.

곰취 300g, 쌀 1/2컵, 은행 20알, 잣 2큰술, 참기름 약간, 소금 약간

1 쌀은 거칠게 갈아서 참기름을 조금 넣고 볶다가 물을 넣고 끓인다.
2 곰취는 삶아 둔다.
3 은행과 잣은 씻어 둔다.
4 쌀이 퍼지면 곰취, 은행, 잣, 소금을 넣고 끓여 낸다.

창출흰콩죽

아따, 봄날에는 발에 걸리고 눈에 밟히는 풀이 전부 먹거리인가 봅니다. 지금에야 이게 창출이거니 하지만, 여기도 초록 저기도 초록, 연둣빛 초록이 지천인 봄날에는 이걸 뜯어도 저걸 뜯어도 다 약이 된다 하니 참으로 고민입니다. 한약방에서나 쓰는 줄 알았던 창출이었는데, 우리 스님 그 이파리 떡하니 던져 주시니, 어렵다 마다 않고 흰콩도 함께 넣어 보글보글 약되라고 죽을 끓여 볼랍니다.

창출 2줌, 밥 1공기, 불린 흰콩 1컵, 소금 약간, 물 6~7컵

1. 흰콩을 거칠게 갈아둔다.
2. 끓는 물에 **1**과 밥을 함께 넣고 뭉근히 끓인다.
3. 죽이 반쯤 퍼지면 창출을 삶아 물에 헹궈 죽에 넣고, 뭉근히 한 번 더 끓여 소금으로 간한다.

지친 역경이 때로는
순한 경례보다 좋다.
때로는 참고 때로는 터뜨리며
수행에 힘쓰는 삶들이다.

머위누룽지죽

참 좋은데. 정말 좋은데... 예전에는 어른 스님들께서 봄 밥상에 세 번 올리지 않으면 상좌를 쫓아내기도 하셨다는데... 모두가 잘 먹었으면 좋겠는데 호불호가 갈리기 시작합니다. 그렇다면 쓴맛을 살짝 감춰 봐야지. 머리도 쓰고 꼼수도 써서 지혜를 갖춰 봅니다. 고소하고 달달하고 매콤한 재료 한데 넣고서, 이 좋은 봄나물 죽 끓여봅니다.

머위 2줌, 누룽지 3줌, 사과 1/4개, 고추장 1큰술, 된장 1큰술, 물 8컵

1. 끓는 물에 누룽지를 넣고 끓인다.
2. 머위는 끓는 물에 삶아 헹군 뒤, 누룽지가 퍼질 때 넣어 함께 끓인다.
3. 죽이 퍼질 때 채 썬 사과를 넣고 고추장과 된장으로 간하여 낸다.

한 개도 버릴 것이 없다
우주의 티끌 한위라도
필요할 때가 반드시 있다고 하였다.

머위꽃죽

꽃이라길래. 비록 잎은 쓰더라도 달달함을 품었을 줄 알았습니다. 그 본성이 어디에 가겠냐마는, 오히려 잎보다 몇 갑절 더 쓸 줄은 몰랐습니다. 하룻밤 물을 갈며 쓴맛을 우리고, 달큰한 단호박과 조청으로 단맛을 더해 꽃이 담긴 고운 죽을 피워봅니다.

> *쌉쌀하디 쌉쌀한*
> *머위같은 입마름으로*
> *고개숙인 어느날*
> *노란 머위 꽃다발 안겨준*
> *달큰하디 달큰한 단호박같은*
> *너의 푸근한 위로가*
> *날 지탱하게 해준다.*

머위꽃 5송이, 단호박 500g, 머위 1줌, 찹쌀가루 3큰술, 조청 2큰술, 소금 약간, 물 7컵

1. 머위꽃은 삶아서 찬 물을 갈아가며 하룻밤 동안 쓴 맛을 우려낸다.
2. 단호박은 껍질을 벗겨 썰어 물에 넣고 삶는다.
3. 머위는 삶아서 찬물에 헹군 뒤, *1*의 머위꽃과 함께 *2*에 넣고 끓인다.
4. 단호박과 머위가 퍼지면 찹쌀가루, 조청, 소금을 넣고 한소끔 더 끓여 낸다.

취나물죽

곡우입니다. 내리는 비가 감로수가 되어 작물들이 한 뼘, 두 뼘 자라나겠지요. 감로수 한입 머금으며 제 향기를 한껏 내두른 곡우의 취나물을 가져다 향긋한 죽을 끓여봅니다. 봄의 마지막 기운 오롯이 받아들이며 몸의 묵은 기운을 정리하고, 다가올 여름을 준비해 봅니다.

취나물 3줌, 현미쌀 1컵, 된장 2큰술, 물 9컵

1 현미쌀을 씻어 볶다가 물을 부어 끓인다.

2 취나물은 삶아 된장, 참기름에 무친다.

3 쌀이 50% 정도 퍼지면 2를 넣고 퍼지게 끓여 낸다.

취나물 양념
된장 2큰술, 참기름 1큰술

*定과 戒를 쌓아 모은 바른 마음이
아만과 아집을 여의었으며
우리는 누구도 집착하는 이 없다네
그냥 흘러가기를 기뻐할 뿐.*

가죽고추장죽

먹어 본 사람들은 호불호가 확실히 갈리지만, 먹어보지 않은 사람들에겐 도통 그 맛과 풍미를 설명할 길이 없는 참가죽 순이 눈 앞에 있습니다. 참 중들이 먹는다는 참가죽 순은 오신채를 쓰지 않는 사찰 음식에 들어가 풍미를 더해주지요. 좀 큰 잎들은 따다 말려 채수 낼 때 사용하지만, 여린 순은 겉절이나 죽 재료로도 손색이 없습니다.

자신의 성품이 본래부터 그러하다고 하네
둘도 없고 다하지를 아니하나니
각각의 순수함을 다 머물게 한다네

참가죽 3줌, 쌀 1컵, 참기름 1작은술, 물 9컵

1 쌀을 참기름에 볶다가 물을 부어 끓인다.
2 참가죽을 씻어 쫑쫑 썰고, 양념장을 만들어 둔다.
3 쌀이 퍼지기 시작하면 가죽과 양념을 넣고 뭉근히 끓인다.

양념
고추장 2큰술, 고춧가루 1큰술, 간장 1큰술

오가피메조죽

곡우 무렵이 제철인 오가피순 따다가 메조랑 강낭콩 넣어 죽을 만듭니다. 산삼 닮아 다섯 잎 가진 약 같은 풀이지만, 맛 또한 한약 같아 꿀도 준비해야 하겠어요. 그래도 말이죠. 싫다 말고 한 술, 두 술 뜨시기 바래요. 내 몸에 내려주는 단비 같은 죽이랍니다.

오가피 3줌, 메조 1컵, 강낭콩 1/2컵, 간장 1큰술, 꿀 1큰술, 소금 약간, 물 6컵

1. 메조를 씻어 불린 후, 물 1컵을 넣고 갈아서 끓인다.
2. 강낭콩은 삶아 갈아서 *1*에 넣고 뭉근히 끓인다.
3. 오가피는 데쳐서 간장을 넣고 조물조물 무친 후, *2*에 넣어 함께 끓인다.
4. 죽이 퍼지면 꿀을 넣어 먹는다.

허공을 날아가서 새의 발자국을
너도 보고 나도 본다
허허허
말할 수도 보일 수도 없는 것이니

나무고추나무순죽

이름을 보고 고추순이라고 착각하지 마세요. 비록 잎과 모양이 비슷하게 생겼지만 어엿한 나무입니다. 마당에서 봄 볕 맞는 고추나무 순을 따다가, 잎 사이로 얼굴 내미는 몽글몽글 하얀 꽃봉오리도 함께 땁니다. 입안에서 탁 터진 꽃향기가 내 것인가 합니다.

슬프고 응어리진 맘이

송알송알 맺히지 않도록

애를 썼는데

왜 숨어드는 걸까?

후~~입김을 살살 불어본다.

억울한 마음 들지 않게

꽃잎처럼 아름답게 날아가라고

나무고추나무 순 3줌, 나무고추나무 꽃 약간, 찹쌀 1/2컵, 참기름 1 작은술, 소금 약간, 물 6컵

1. 찹쌀을 불려 갈아서 참기름을 넣고 볶다가 끓인다.
2. 나무고추나무순을 삶아 둔다.
3. 죽이 완성되어 갈 즈음 2와 꽃을 넣고 끓인 다음 소금으로 간하여 낸다.

참가죽잡곡죽

맛과 향이 강하여 호불호가 있지만, 사실 사찰에서 가죽은 팔방미인입니다. 자 칫 잃기 쉬운 봄날의 입맛을 붙들어 줄 뿐만 아니라, 풍부한 단백질로 스님에 게 부족한 영양분을 채워주지요. 어제는, 1년간 우리 절 크고 작은 행사에 쓸 가죽 부각을 만들었어요. 손질하다 떨어진 잎들을 모아, 오늘 아침 대중들을 위한 죽을 끓입니다. 어제는 이 운력이 언제 끝나나 한숨만 쉬던 이들도, 이 죽 한입 들어가면 베시시 웃을거예요.

미련 따위, 뚝 끊어버린다.
뒤도 돌아보지 않고 내달린다.
길어진 자기 그림자에
걸려 넘어질지도 모르는데

밤이 오면, 조금 쉬려무나
긴 그림자 고이 접어 베개 삼아서.

참가죽 2줌, 메조 1/2컵, 율무 1/2컵, 된장 1큰술, 간장 1큰술, 생강 2쪽, 물 8컵

1 메조와 율무는 씻어 불린 후 갈아서 생강을 넣고 끓인다.

2 참가죽은 쫑쫑 썰어 **1**에 넣고 뭉근히 끓인다.

3 죽이 퍼지기 시작하면 된장, 간장을 넣고 퍼지게 끓인다.

하지

무지개가 자주 보이려나
구름이 짙어지고
해도 높아지네.

소서

색이 짙은 오이, 숨에 들썩이고,
미끈한 토마토, 그 위에 맺힌 빗방울
향긋한 소나기 지나치면
성미 급한
촉촉하게 쥐어보는 나를
법연의 엄숙함이 흔들어 깨우네

대서

무지함이
안개비처럼
계속해서
내리고
지루한지
내리고
무리의 기침소리로 내려온다.
식의 마음 작용이
계속의 경계에 부딪히네

대서

무엇 때문에 존재하는가
무엇 때문에 다함이 있는가
무료함이 없는 우주 만물의 질문

명
무엇 때문에 바라는가
무엇 때문에 탓하는가
역사가 굽이굽이 돌아도
명백함이 없는 우주 만물의 질문

진리는 답을 주지 않은 채 흐르고만 있다.

夏
대소하망소입
서서지종만하

입하

불어 온다.
구슬처럼 맑고 깨끗한 노오란 참외 꽃바람이… 연못가
불들이 살랑거리기 시작하니
정부들이 씨레질하던 춘부와 소는 논두렁에 걸터앉네
거기에 잠깨어 일어난 지렁이도 밭고랑 위로 얼굴 내미네
부스스 깨어나는 이팝나무 꽃잎 보며

소만

감춰졌던 보자기 속 쑥 버무리
시들해진 냉이꽃 한 손에 꺾어 들고, 다른 한 손
고개 내민 대나무 순 꺾어 들며
공깃돌 발로 톡톡 치며
중얼중얼 혼자 되어도
무엇 때문이지 알 수가 없다.
색깔을 더 넣으려 하지 말고
수 가지런히 맞추고
상차림해 볼까
행주치마 둘러매자. 마음 둘러보기도
식후경

망종

무리 없이 여름이 지나가려나…
안팎에서 바삐 움직이네. 동요되지 않은 척
이대로 지내려니
비 익은 수같은 마음의 까끄라기들이 파고든다.
설록의 푸른 빛이 사그라들기 전에
의연하게 베어버리사

돌미나리땅콩죽

제철 돌미나리를 끊어다 깨끗이 씻습니다. 요즘에야 마트에서 깨끗한 돌미나리를 쉽게 살 수 있지만, 예전에는 거머리가 많이 붙어 있었거든요. 찰밥 뭉근히 끓이다 미나리 넣고, 생땅콩도 갈아서 넣어주세요. 봄 향기 가득했던 나물들은 억세지지만, 지금의 돌미나리는 한껏 맛있을 때니까요.

돌미나리 3줌, 찰밥 1공기, 생땅콩 1/2컵, 소금 약간, 물 6컵

1. 물 3컵이 끓으면 찰밥을 넣고 뭉근히 끓인다.
2. 돌미나리를 깨끗이 씻어 먹기 좋은 크기로 썰고, **1**이 퍼지기 시작하면 넣어 함께 끓인다.
3. 생땅콩은 물에 불려 물 3컵을 넣고 곱게 갈아 돌미나리에 함께 넣고 끓인다.
4. 죽이 다 되면 소금을 넣어 낸다.

마음이 고요하고 화평해
허공처럼 걸림 없기를
물과 땅이 맛 났으니
훌륭한 것은 말할 것이 없네

녹차죽

향긋한 봄기운이 기지개를 펴는가 했더니, 어느새 지천에 초록이 물듭니다. 입하라 여름의 기운이 곳곳에 선다는데, 봄날의 기운도 좀 더 함께하고 싶습니다. 따뜻한 녹차를 내려 나 한잔 마시고서 이 향을 가득 담아 쌀죽에 나눕니다. 봄날 햇살에도 차가운 기운 품은 여린 녹차는, 여름을 맞아 죽에서도 제 기운을 한껏 뽐내게 되었습니다.

지나간 것을 생각하라 사랑받았음을
지나간 것을 기억하라 사랑했었음을
지나간 것을 버려둬라 사랑끝났음을

지난간 것을 돌이키지마라
지나가는 것은 지나감의 속성을 지녔으니
애써 붙들지 마라

마른 녹차잎 3큰술, 쌀 1컵, 소금 약간, 물 5~6컵, 잣가루 1/2컵

1. 쌀은 씻어 불린 다음 갈아서 물을 넣고 끓인다.
2. 녹차는 따뜻한 물에 우려내서 *1*에 부어 쌀가루가 퍼지도록 한다.
3. 우린 녹차잎을 *2*에 넣어 끓인 다음 소금으로 간한다.
4. 잣가루를 함께 낸다.

땅두릅옥수수죽

대개 땅두릅은 데치거나 무쳐서 먹지만, 죽으로 만들어 먹어도 별미입니다. 대가 무르도록 삶아둔 두릅에, 옥수수알 털털 갈아 물에 넣어 뭉근히 끓여주세요. 아직은 서먹한 두릅과 옥수수 사이가 좀 더 찰떡같이 편안해 지라고 곱게 갈은 찹쌀가루도 풀어줍니다.

땅두릅 7~10개, 옥수수 2컵, 찹쌀가루 2큰술, 소금 약간, 물 10컵

1 땅두릅은 대가 무르게 삶아 썰어 둔다.
2 옥수수는 갈아서 끓는 물에 넣어 뭉근히 끓인다.
3 2를 끓인지 20분 정도 지나면 땅두릅을 넣고 찹쌀가루를 넣어 함께 끓인다.
4 죽이 퍼지면 소금을 넣어 낸다.

이 세상 나 혼자였으면 할 때가 있지?
이 우주 나 혼자였으면 할 때가 있지!

무의미한 허상은 알알이 흩어지다가도
다시 몰려온단다.

함께 있어야 존재가 빛남을 잊지 말려무나

미나리밤죽

끝물 미나리가 아쉽습니다. 단오 때까지 맛있게 많이 먹어야 한다기에, 때 늦지 않게 또 한번 먹을 궁리를 합니다. 지난 가을 얼려둔 밤을 삶아다, 찹쌀가루 물에 개어 보글보글 끓입니다. 쫑쫑 썬 미나리를 마지막으로 올리며, 이 향을 상큼하게 즐겨봅니다.

미나리 150g, 밤 7개, 찹쌀가루 1/2컵, 소금 약간, 물 5컵

1 밤은 까서 썰어 물을 넣고 삶는다.
2 찹쌀가루를 물에 개어 *1*에 넣고 함께 끓인다.
3 *2*가 퍼지면 쫑쫑 썰어둔 미나리를 넣고 소금으로 간한다.

세상의 낙은 후에 고통이 되거늘
어찌 탐착하며,
한 번 참으면 길이 즐거움이 되거늘
어찌 닦지 아니하리요.

깨순들깨가루죽

뿌리가 같은 깻잎과 들깨를 한데 모아서 정성스레 담아봅니다. 보글보글 끓는 쌀에 잘 씻은 깨순을 넣어주세요. 시절의 인연 따라 잎으로 열매로 달리 모양 지어졌지만, 근본점이 같아서인지 그 맛은 찰떡궁합입니다.

깨순 3줌, 쌀 1/2컵, 들깨가루 2컵, 소금 약간, 물 6컵

1 쌀은 씻어 볶은 후 물을 부어 끓인다.
2 1이 5분 정도 끓으면 씻은 깨순을 넣고 함께 끓인다.
3 죽이 퍼지면 소금, 들깨가루를 넣고 죽을 낸다.

만약 나의 공양으로 귀의할 때에는
마땅히 힘써 하고
함께하는 대중에게 죽을 올릴 때에는
귀명정례 할찌이다

방아죽

더위가 한참 무르익으면 그 향 또한 강해지는 방아 잎입니다. 아직은 초여름 새순이라 살포시 향이 일지요. 익숙치 않은 이에게도 편안히 다가가라고 설레설레 젓는 고개 마냥 콩가루를 묻히고, 사방에 지천인 풋고추도 따다가 쫑쫑 썰었습니다. 민트같이 화한 꽃 대가 오르려면 아직은 멀었지만, 그 고운 빛깔을 헤아리며 방아죽을 끓여요.

연보라빛 멍이들었네
작은 돌에 걸려 넘어졌을 뿐인데
툴툴 털어버렸는데...

괜찮은줄 알았는데...
그때
반가움에 뛰어갔던가...
급한맘에 뛰어갔던가...
싫은맘에 돌아서려했던가...
돌에게 물어볼까?

방아잎 200g, 말린느타리버섯 1줌, 쌀 1/2컵, 풋고추 2개, 생콩가루 1/2컵, 물 6컵

1 쌀을 씻어 볶다가 물을 부어 끓인다.
2 방아는 씻어 생콩가루를 묻혀두고, 고추는 썰어 놓는다.
3 쌀이 퍼지면 나머지 재료와 양념을 모두 넣고 뭉근히 끓인다.

양념
고추장 1큰술, 간장 1큰술, 된장 1큰술

청경채녹두죽

속살 노란 녹두를 보글보글 끓이다가 함께 밥을 넣어 퍼뜨립니다. 청경채는 길이대로 잘라두지요. 호두도 식감 있게 다져 봅니다. 살며시 죽이 익는 냄새가 코 끝을 스칠 즈음 청경채와 호두도 넣어주세요. 내 멋대로 한 번에 다 넣어 익히고 싶지만, 시간 차를 두고 넣어야 제 맛을 내는 것들입니다. 살며시 정성을 더해주세요.

귀하디 귀한 일체가 모였다니
중생도 있고 성인도 있나니
두루한 이치가 새삼 고맙고 고맙습니다.

청경채 150g, 밥 1/2공기, 거피 녹두 1/2컵, 호두 1/2컵, 간장 1큰술, 소금 약간, 물 6컵

1. 녹두는 씻어서 물을 넣고 끓이다가 밥을 넣고 퍼지게 더 끓인다.
2. 청경채는 씻어서 길이대로 잘라두고, 호두는 다져 둔다.
3. 밥이 퍼지면 2를 넣고 한소끔 끓인 뒤 간장, 소금으로 간하여 낸다.

완두콩죽

여름이 제철이라 완두콩이 풍년입니다. 봄날 가장 먼저 심은 완두콩 모종이 보란듯이 깍지를 알알이 채우고, 그 콩을 따느라 어제는 종일 분주했어요. 무엇이든 첫 수확은 그 맛 그대로가 제일이라서 모양대로 한 바구니 삶아 냈지요. 남은 콩은 깍지를 벗겨 가면서 아침에는 초록 담은 여름 콩죽 끓여야겠다 생각합니다.

완두콩 2컵, 쌀 1/2컵, 소금 약간, 물 7컵

1 쌀과 완두콩은 깨끗이 씻은 후 끓는 물에 넣고 뭉근히 끓인다.

2 죽이 퍼지면 소금을 넣어 낸다.

수행 중 마음에 있어

반드시 안정되고 세밀하게 하고

얼굴을 들어 알음알이를 내지 말지어다

완두콩호두죽

밥에 완두콩을 넣고 뭉근히 끓여줍니다. 식감을 더하려 호두도 다져주지요. 별 것 들지 않은 여름의 죽은 소금으로 조금 짭짤하게 간해주세요.

완두콩 1컵, 호두 1/2컵, 밥 1공기, 소금 약간, 물 6컵

1 완두콩과 밥을 끓는 물에 넣고 뭉근히 끓인다.

2 호두는 씻어 다져 죽이 퍼지면 넣고 한소끔 끓인다.

3 소금으로 간하여 낸다.

깊고 깊은 이 산속
매화나무 가지 사이로
날아드는 반딧불이
영롱한 빛 매달아
찾아오는 손님 길 밝혀주네.

부풀은 콩깍지 열어보니
탱글탱글 완두콩이
여물지 않은 매실 보란듯
알알이 박혀
찾아오신 손님 대접하네.

*벗과 친하고
화합하는데도
공경과 믿음이 근본이 된다.*

단호박완두콩죽

눈이 깜빡 속았습니다. 아침 죽을 먹으러 왔는데 글쎄 카레가 올라와 있는거 있죠. 식감 좋을 완두와 큼직한 단호박 거기에 감자까지. 샛노랑이 품은 여름의 채소들이 흡사 카레 같았거든요. 하지만 잠시 눈을 감고, 들이쉬고 내쉬는 숨에 집중해 보세요. 달콤한 풋내가 내 코 끝을 간지럽히지만 그것도 잠시 쉬어 갈게요.

단호박 1/4개, 완두콩 1컵, 감자 1개, 소금 약간, 물 6컵

1 단호박은 껍질을 벗겨 썰어 끓는 물에 넣고 끓인다.
2 완두콩과 감자를 함께 넣어 뭉근히 끓인다.
3 죽이 퍼지면 소금으로 간하여 낸다.

고추순죽

고추순을 한 광주리 선물 받았습니다. 군데 군데 하얀 꽃 몽우리도 보여요. 인심이 넉넉한 이웃집 보살님은 "겨우 곁순을 딴 것뿐인 걸요" 라며 고맙다는 인사에 방긋 웃으며 손사래 칩니다.

고추의 방아다리를 아시나요?
고추가 자라면 세 갈래 길이 생깁니다.
그 길을 일컫습니다.
방아다리에 고추꽃이 피고 고추가 달리면 따줘야 합니다.
곁순도 따주어야 합니다.
그래야 바람도 잘 통하고
고추가 더 잘 자랍니다.
애써 따준 고춧잎과 고추에 고추장을 넣어
삼합죽을 끓여 보았습니다.
힘내서 드시고 고추 지지대도 부탁드립니다.

고추순 300g, 풋고추 3~5개, 쌀 1컵, 참기름 1작은술, 물 6~7컵

1 쌀은 씻어서 참기름에 볶다가 물을 붓고 끓인다.
2 고추순을 삶아 두고 풋고추는 썰어둔다.
3 *1*이 큰 거품이 생기기 시작하면, 고추순, 풋고추, 양념을 넣어 뭉근히 끓여 죽이 퍼지게 한다.

양념
간장 1큰술, 고추장 2큰술

상추보리장죽

텃 밭 가득 상추는 수시로 솎아내 쌈 싸먹고, 김치 담고, 전도 굽고, 겉절이도 만듭니다. 하얀 진 가득 묻어나는 상추는 그렇게 솎아 먹고 또 먹어도, 기분이 좋은 것이, 이 여름의 보약임에 틀림없습니다. 새벽녘 뜨거운 빛이 아직 닿아 오르기 전에, 텃밭에서 따온 상추 훑어 죽을 끓입니다. 무더위 진땀에도 끄떡 없으라고, 고추장 된장 넣어 간기 있게 끓일랍니다.

상추 꽃대 오르기전
쌈싸먹어야 하는데
하지감자 포실포실
분나게 쪄서 먹어야 하는데
어제도 해드렸고
그제도 해드렸고
그그제도

허허허
상추랑 감자랑 넣은 죽이라~
별미로다~

상추 7대공, 보리밥 1/2공기, 양대 1/2공기, 감자 1개, 고추장 2큰술, 된장 1큰술, 물 7컵

1. 껍질을 제거한 감자는 먹기 좋게 썬다.
2. 끓는 물에 보리밥, 감자, 양대를 넣고 푹 퍼지게 끓인다.
3. 상추를 쫑쫑 썰어 고추장, 된장을 함께 넣어 간을 맞춘다.

옥수수양대죽

보기만 해도 환희심 오르는 여름의 옥수수를 냄비 한가득 쪄냈습니다. 다람쥐 마냥 양 볼 가득 베어 물고 여름을 즐기지요. 그 중에 몇 대를 알알이 떼어 햇콩 곁들여 내일 아침을 준비해 봅니다. 찹쌀가루 버무려 충분히 뜸 들이면 든든한 한끼 식사가 되어줄 거예요.

옥수수알 2컵, 양대 1컵, 찹쌀가루 2큰술, 소금 약간, 물 8컵

1. 옥수수를 물에 넣고 뭉근히 끓이다가 물이 3컵 정도로 줄어들면 양대를 넣고 물이 2컵으로 줄 때까지 뭉근히 끓인다.
2. 1에 찹쌀가루를 넣는다.
3. 옥수수가 퍼지면 소금으로 간한다.

때 아닌 때 행하는
수행자의 게으름이
어찌 지혜 있는 자의
행이리오.

생강낭콩죽

전분 오른 강낭콩를 뭉근히 삶고, 포슬포슬 하지 감자도 썰어줍니다. 색깔 곱고 자태 고운 여름의 별미 콩에 제 맛 오른 감자까지 곁들였으니, 제대로 퍼지기만 하여도 그 맛은 기대 이상일 것입니다.

생강낭콩 2컵, 감자 1개, 쌀가루 3큰술, 소금 1큰술, 물 8컵

1 강낭콩은 뚜껑을 닫고 뭉근히 삶는다.

2 강낭콩이 뭉근해지면 감자를 까서 여러 등분으로 썰어 넣고 쌀가루를 물에 개어 넣은 뒤 뜸이 들때까지 끓여준다.

3 죽이 퍼지면 소금으로 간한다.

꽃피우는
봄살이 하더니
여름비에 잠길까
꺼내 놓으라
투정하며 드러눕는
감자를
한알 한알 담다 보니
비같이 내리는 땅에
내가 잠겨버릴 것 같다.
감자랑
콩이랑 넣어
여름살이 해보자

감자완두콩죽

파근파근 식감 좋은 하지감자를 손꼽아 몇 날 며칠 기다렸습니다. 땀 뻘뻘 흐르는 이 여름이 썩 달갑지는 않지만, 더위에 쳐진 입맛도 싹 오르는 이 감자는 기다려집니다. 이쁜인가요. 검은콩 흰 콩 모두 마다하던 이들도 콩알콩알 세어 먹는 완두콩도 마찬가지지요. 쌀알 없어도 감자를 주식 삼고, 한 여름 완두콩은 양념 삼아서 이 더위에 피어오르던 해태심(懈怠心)을 은근슬쩍 공을 들여 눌러봅니다.

뜻과 절개를 굳건히 하여
수행하는 내내
뉘우치고 고치고 돌아보아
부드럽고 온화함이
주인이 되길

감자 중간크기 2개, 완두콩 1컵, 땅콩가루 1/2컵, 풋고추 2개, 소금 약간, 물 6컵

1 감자는 썰어 삶아 완두콩과 함께 뭉근히 끓인다.

2 풋고추는 썰어서 땅콩가루, 소금과 함께 마지막에 넣어 끓인다.

상추대궁죽

마트에서 상추를 사먹는 요즘 사람들은, 궁채는 알아도 상추의 대궁은 잘 모르더라고요. 직접 상추를 수확하다 보면 상추의 대가 뻗어 오르고 꽃이 피고 씨가 맺히는 것을 볼 수 있어요. 이 때 생긴 대를 대궁이라고 하지요. 하지만 이건 정말 안타까운 일이예요. 이 대궁이 때때로 상추보다 훨씬 맛있거든요.

깊은 산골에 사시던 외할머니
겨울이면 눈을 보기위해서
방학을 기다렸다.
눈에 파묻혀 놀다오면
어김없이 밥상에 놓여 있는
할머니의 '겨울손주사랑'
할머니 올 겨울엔 눈이 더 많이 내린데요~
이번엔 제가 '겨울할머니사랑'으로 보답할게요...

상추대궁 3줌, 싸래기쌀 1/2컵, 된장 2큰술, 물 6컵

1. 상추는 대궁을 찧어 놓는다.
2. 싸래기쌀은 씻어 끓는 물에 끓이면서 상추대궁, 된장을 넣어 뭉근히 끓인다.

아욱보리된장죽

가을에 먹는 아욱이 제철이라지만, 풋내 서린 여름 아욱도 보드라운 맛이 일품입니다. 보리쌀 끓는 동안 치대어 둔 아욱과, 풋고추, 감자, 양대 여름의 식재료를 함께 보리 죽에 넣어줍니다. 씁쓸 짭쪼롬한 오늘의 죽은 나와 함께 여름 도반이 되었습니다.

아욱 2줌, 보리쌀 1/2컵, 감자 2개, 양대 1/2컵, 풋고추 2개, 된장 2큰술, 물 7컵

1. 보리쌀을 깨끗이 씻어 물을 넣고 퍼지게 끓인다.
2. 아욱을 치대어 한 번 씻어두고 풋고추는 씻어 둔다.
3. 보리쌀이 퍼지면 아욱, 감자, 양대, 풋고추를 넣고 뭉근히 끓인다.
4. 보리와 재료가 80% 익으면 된장을 넣어 간을 맞춘다.

텅빈 보리밭 바라보다
널따란 바위에 스케치북 올려놓고
보리를 담아본다.

아욱밭 바라보다
좁다란 돌담에 스케치북 올려놓고
아욱꽃 펼쳐본다.

아욱보리죽 바라보다
떨리는 두손을 조심스레 가져다가
그리움 기억한다.

호박들깨죽

여름이 한창입니다. 더불어 애호박도 한참이지요. 칼로 채 썰거나 뭉떵뭉떵 썰어 넣을 수도 있지만 진연두 애호박을 뚝뚝 숟가락으로 떼어 넣으면 한 입에 먹어도 두께가 달라 식감이 재밌습니다. 들깨가루는 마지막에 불을 끄고 듬뿍 넣어주세요.

여름이 슬그머니 오더니 찰싹 달라 붙는다.
마루 위에 걸터앉아
부채를 흔들어도 여름은 머무네.

도반이 슬그머니 오더니 슬쩍 내려 놓는다.
마루 위에 자리잡고
수저를 집어드니 여름이 떠나네.

애호박(小) 1개, 밥 1공기, 들깨가루 1컵, 소금 약간, 물 6컵

1 끓는 물에 밥을 넣고 애호박을 숟가락으로 떼어 넣은 뒤 뭉근히 끓인다.
2 밥과 호박이 퍼지면 들깨가루와 소금을 넣고 마무리 한다.

오이옥수수죽

아침을 배불리 먹지 않는 것이 사찰의 법도라지만, 여름 향기는 한껏 들이켜도 괜찮지 않을까 생각해 봅니다. 제철 옥수수 알알이 따다 샛노란 단백질 보충해주고, 감자와 쌀가루로 걸죽함을 더해 주었어요. 짭쪼롬한 된장 한 스푼, 아삭한 여름 오이 한 움큼 넣으면서 밥상 위에 여름을 흩뿌립니다.

이 일, 저 일, 세상의 일들이
끊임이 없건만
뒷 일은 마음을
일으키지 않는데 있다네

오이 1개, 옥수수알 1컵, 감자 1개, 쌀가루 3큰술, 된장 1큰술, 소금 1작은술, 물10컵

1. 옥수수알은 물을 붓고 끓인다.
2. 감자는 갈아두고, 옥수수가 익어 퍼지면 감자와 쌀가루, 된장을 넣고 한소끔 끓인다.
3. 오이는 채로 썰어 소금에 절인 후 함께 넣어 한소끔 끓여 낸다.

오이고추장죽

시원한 수분감을 가진 오이는, 된장찌개나 볶음 등의 요리에도 잘 어울립니다. 죽도 예외가 아닌데, 여름의 더위를 이열치열 잡으려고 고추장을 넣고 보글보글 끓여봤어요. 뜨끈한 죽 먹고 '아 시원해' 할 수 있는 나이가 내게는 오지 않을 줄 알았는데, 한 술 뜨며 그 말을 내뱉고는 겸연쩍네요.

오이(中) 1개, 밥 1공기, 풋고추 1개, 고추장 2큰술, 소금 약간, 물 7컵

1 끓는 물에 밥을 넣고 끓인다.
2 오이와 풋고추를 다져 넣고, 고추장을 넣어 뭉근히 끓인다.
3 싱거우면 소금으로 간한다.

부드러운 음식을 먹어서
몸을 사랑해도
몸의 사대는 결정코
흩어지고 무너짐이 있다네

풋고추볶음죽

더위에는 풋고추가 보약이라지요. 보리밥과 감자는 함께 뭉근히 끓여주고, 풋고추는 채 썰어 따로 들들 볶아 둡니다. 약이 되라 지어먹는 죽이니 만큼, 고추씨도 버리지 말고 모두 사용해 주세요. 볶은 고추를 끓는 죽에다 넣고, 고추까지 익어 퍼지면, 이제는 다 되었습니다.

> 지혜가 있는 자가 행하는 바는
> 쌀로 밥을 짓는 것과 같음이요
> 지혜가 없는 자가 행하는 바는
> 모래로 밥을 짓는 것과 같다고
> 옛 수행자는 이른다네.

맵지 않은 풋고추 10개, 감자 1개, 보리밥 1/2공기

1. 감자를 먹기 좋은 크기로 썰어 보리밥과 함께 끓는 물에 뭉근히 끓인다.
2. 풋고추는 채를 썰어 기름에 볶아 소금, 깨소금을 넣는다. 고추씨는 함께 사용한다.
3. *1*에 *2*를 넣고 더 끓인 후 풋고추가 익어 퍼지면 낸다.

풋고추 양념
현미유 1큰술, 깨소금 1큰술, 소금 1작은술

풋고추콩죽

들숨과 날숨 사이에도 열기가 느껴지는 무더운 여름입니다. 작물들을 모두 태워버릴 듯한 기세로 해가 내리쬐지만, 오히려 그 빛을 받아 고추는 반짝반짝 푸르게 빛납니다. 풋고추를 한움큼 손에 쥐고 송송 썰어 날콩가루 옷을 입혀줍니다. 이제 막 퍼지기 시작한 새하얀 죽에 고소한 옷 입은 풋고추를 올려 날콩 비린내가 가시게 끓여주세요.

풋고추 10개, 밥 1/2공기, 생콩가루 1컵, 소금 약간, 물 6컵

1 풋고추를 쫑쫑 썰어 생콩가루에 버무린다.

2 끓는 물에 밥을 넣고 퍼지게 끓인다.

3 밥이 퍼지기 시작하면 1과 소금을 넣고 젓지 않고 끓인다.

밥을 먹어서
배고픔을 달래는 것은 알되
행을 반듯하게 하여
마음을 고칠줄은 알지 못하더라.

가지풋고추죽

제철의 에너지를 오롯이 담은 귀한 보라색을 통통 썰어 그 속의 여름을 펼쳐봅니다. 설컹한 식감을 숨기지 않고, 푹 퍼진 밥알에 덧입혀 냅니다. 맞닿은 식감이 올여름 지인들의 입맛에도 찰싹 들러붙었으면 좋겠습니다.

진실됨을 빛깔로 말하라면
너가 가진 색이라 말하리라

친절함을 빛깔로 말하라면
너가 가진 색이라 말하리라

너의 색을 닮은 선물을
주렁 주렁 매달아 놓았구나

너의 진심은 세상을 바꾸는 구나!
너의 친절은 세상을 빛나게 하는구나!

가지 2개, 밥 1공기, 풋고추 3개, 간장 약간, 소금 약간, 물 6컵

1 가지는 먹기 좋게 썰고, 풋고추는 쫑쫑 썰어둔다.
2 끓는 물에 밥을 넣고 끓이다가 *1*을 함께 넣어 푹 끓인다.
3 죽이 퍼지면 간장과 소금으로 간한다.

참외죽

푹푹 찌는 더위에 먹고 싶은 것 하나 없는 줄 알았는데, 단짠단짠 참외죽은 호기심이 생깁니다. 한여름에 무슨 무를 삐져 넣었나 갸우뚱 했다가, 한 입 먹고는 그렇구나 하고 겸연쩍게 웃어 보이지요. 여름 냄새 폴폴 나는 강낭콩도 함께 넣어 맛의 조화를 이룹니다.

> 앙증맞은 노란꽃 아래
> 초록빛 작은 솜털뭉치
> 뭘까 호기심에 지켜보니
> 자꾸만 커져간다
> 노란색이 번져간다.
> 덮여있던 덩굴잎을 들춰내니
> 참하게 놓여있다.
>
> 기다림의 소중함이라 이름하고
> 너를 잡아본다.

참외 1개, 밥 1/2공기, 강낭콩 1/2컵, 된장 1/2큰술, 소금 약간, 물 5컵

1. 끓는 물에 밥과 강낭콩을 넣고 끓인다.
2. 참외는 껍질을 까서 씨를 발라내고 얇게 썬 뒤 소금에 절였다가, 죽이 퍼지면 된장과 함께 넣어 한소끔 끓여 낸다.

여름근대죽

폭염의 무더위에도 작물들은 쉴 새 없이 자라납니다. 이때를 거치지 않고서야 풍요로운 가을을 맞이할 수 없음을 경건히 알고 있기 때문입니다. 풋내가 슴슴히 이 더위를 씻어가라고, 제자리에서 묵묵히 버티는 근대를 끊어다 여름 죽을 끓입니다.

시간과 시간이 옮기고 옮겨서
속히 하루가 지나가며
날과 날이 옮기고 옮겨서
그믐이 지나가며
달과 달이 옮기고 옮겨서
홀연 내년에 이르며
년과 년이 옮기고 옮겨서
잠깐 동안 죽는 문에 이르나니
<발심 中에서>

근대 200g, 감자(小) 3개, 풋고추 2개, 호랑이콩 1/2컵, 된장 1큰술, 고추장 1큰술, 소금 약간

1. 감자는 듬성듬성 썰어 호랑이콩과 함께 끓는 물을 넣어 끓인다.
2. 근대는 데쳐 쫑쫑 썰어 넣고 함께 끓인다.
3. 된장, 고추장으로 간하고 풋고추를 썰어 넣는다.
4. 뭉근히 죽이 되도록 끓인 후 부족한 간은 소금으로 하여 낸다.

　　　　　　　　　　　　　　　　　　　　　　　秋

　　　　　　　　　　　　　　　　　　　　　　　　바야
　　　　　　　　　　　　　　　　　　　　　　　　유가 허공 속에서
　　　　　　　　　　　　　　　　　　　　　　　　스라지고
　　　　　　　　　　　　　　　　　　　　　　　　인 그어놓고
　　　　　　　　　　　　　　　　　　　　　　　　이곳
　　　　　　　　　　　　　　　　　　　　　　　　허공 속으로
　　　　　　　　　　　　　　　　　　　　　　　　사라지라고

　　　　　　　　　　　　　　　　　　　　　　다밀라
　　　　　　　　　　　　　　　　　　　　　　허공 쳐내는

　　　　　　　　　　　　　　　　　　　　추분
　　　　　　　　　　　　　　　　　　　　고심
　　　　　　　　　　　　　　　　　　　　민하고 있는가
　　　　　　　　　　　　　　　　　　　　심산천에서 헤매는 것 같은가
　　　　　　　　　　　　　　　　　　　　엇을 가슴 속을 헤집어 놓는가

　　　　　　　　　　　　　　　　　　가무애
　　　　　　　　　　　　　　　　　　무엇을 찾는 이유는
　　　　　　　　　　　　　　　　　　애써 여름을 이라 하길래

　　　　　　　　　　　　　　　　가무애
　　　　　　　　　　　　　　　　가을을 이라 우기는가
　　　　　　　　　　　　　　　　애써 여름을 막고 서는가
　　　　　　　　　　　　　　　　집스레

　　　　　　　　　　　　　　무고애
　　　　　　　　　　　　　　엇이 가을이다 라고 우기는 건

　　　　　　　　　　　　　유공포
　　　　　　　　　　　　　루(有漏)에 갇혀있는 길세
　　　　　　　　　　　　　용하시게나
　　　　　　　　　　　　　(쏜)이니 이 또한

　　　　　　　　　　　한로
　　　　　　　　　　　원추리꽃 색 같은 단풍이 짙어지며
　　　　　　　　　　　셋되고 있는 여름에게
　　　　　　　　　　　하지 못한 말
　　　　　　　　　　　로 집어 삼킨다

　　　　　　　　　　도몽상구경
　　　　　　　　　　리해지고
　　　　　　　　　　처음은 마음
　　　　　　　　　　절초한 아름에 묻어버린다
　　　　　　　　　　외하며 두 손들어
　　　　　　　　　　망해본다
　　　　　　　　　　드시 돌아오라고

　　　　　　　　반열
　　　　　　　　반열경

　　　　　　상강
　　　　　　라만상
　　　　　　문인냥사
　　　　　　문평것만
　　　　　　평이이
　　　　　　없이
　　　　　　유유히
　　　　　　살아가다

　　　　다밀라바야반의불제세삼
　　　　른 사람들 속으로
　　　　장조변주곡이 되어
　　　　꿰가는 서릿발의
　　　　멀차게
　　　　들어가 보려다

상한추백처입
강로분로서추

입추

내리막이 아득해 보인다.
지금 서 있는 이곳에서는 쉬어도 되겠지.
집게 짓누르던 짐을 내려놓는다.
곤한 두 다리를 뻗고
시늘한 바위에 내 등을 기대본다.
사노무역 시름 고름은 옳고
사노무역 서름이 있는지, 불안함이 있는지
진사어니 심조사하며 걸어온 서두름
(眞씨)로 러니 숲향 친천히 마시며
바라보자

처서

무로(無櫨)의 길로 잡어든다.
고뇌, 고통이
집착, 애착이
멸도(滅)의 끝
도(道)의 끝
무헤디어진 번뇌가
역류할 수 있게
득명(得免)할 수 있길…

백로

이렇게 말했지
요하게 혼자서 가라고
소용돌이치며
무(無)하는 세상의 혼탁함 속에서
득소의 뿌리처럼
보고 있는
리아드하고
살아인의 감비에
반의 드연시함으로
살아내 버티며
라고…

들깻잎가지죽

예전엔 당연하던 것들이 요즘 사람들에겐 생소한 것이 되어버리는 일이 점점 많아지고 있습니다. 그 반대의 경우도 허다하지요. 그것이 비록 아주 익숙한 것들 이라도요. 깻잎이라고 하면 당연히 들깻잎을 생각하던 때가 있었는데, 요즘은 그것이 참깨인지 들깨인지 생각 자체를 해보지 않은 사람들도 많을 거예요. 오늘은 익숙한 깻잎과 가지를 넣고 죽을 끓여봅니다. 담음새는 비록 낯설더라도 그 맛을 직접 보면 익숙함에 편안함이 더해질 거예요.

들깻잎 3줌, 찰현미 1컵, 가지 1개, 된장 1큰술, 간장 1큰술, 물 10컵

1 찰현미는 깨끗이 씻어 물을 넣고 푹 끓인다.
2 깻잎은 손으로 찢어두고 가지는 먹기 좋게 썰어서 *1*이 50% 정도 퍼졌을 때 함께 넣어 끓인다.
3 죽이 퍼지면 된장, 간장을 넣고 마무리한다.

가을 밤바람에 들깨잎이 일렁이네.
들깨잎 위로
들깨 알알이
서로서로 뛰어내리네.
남쪽에선 달바라기 춤을
북쪽에선 별바라기 춤을
밤사이 추다 새벽 햇살에 멈추네

노각수제비죽

오이 덩굴에 눈 먼 오이가 군데군데 숨었습니다. 따가운 여름 빛을 충만히 받고, 가을의 낙엽 반갑게 마중하려 겉옷도 사부지기 갈아입었습니다. 아직은 씨가 살짝 덜 여물었지만, 음력 8월까지 제맛인 밀가루 반죽 넣어, 가는 여름을 배웅하고 오는 가을 마중하는 시절인연 같은 죽을 만들어 봅니다.

첫물 오이 따다가 땀 닦아주고
두물 오이 따다가 입맛 살려주고
세물 오이 따다가 여름 몰아내고
끝물 오이 따다가 가을 마중간다.

노각 2개, 쌀가루 3큰술, 고운깨소금 1/2컵, 소금 약간, 채수 6컵

1 밀가루는 소금을 넣고 반죽하여 30분 정도 둔다.

2 노각은 썰어 소금에 절인 다음 짜둔다.

3 채수를 끓이다가 밀가루 반죽을 얇게 넣고 쌀가루와 노각을 넣고 끓인다.

4 죽이 다 되면 소금과 깨소금을 넣고 완성한다.

수제비반죽
밀가루 1컵, 물 6큰술

근대보리죽

잘 만들면 매력있지만 잘못 만들면 독특한 향에 호불호가 갈리는 근대를 넣고 죽을 만들어 볼까 합니다. 깨끗이 씻은 덩치 좋은 근대를 손으로 찢어 준비해 두지요. 여름에 수확한 감자에다 식감 좋은 보리밥을 넣어 보글보글 끓이고, 거기에 가을이 제 맛인 근대를 듬뿍 넣어주세요. 비록 그 양이 엄청 많아 보이 겠지만, 뜨거운 물이 닿으면 나를 줄이고 가을 내음 한가득 녹여 줄테니까요.

근대 300g, 보리밥 1공기, 감자 1개, 말린느타리버섯 1줌, 물 8컵

1. 감자는 껍질을 벗겨 먹기 좋게 썬 다음 보리밥과 함께 끓는 물에 넣어 끓인다.

2. 근대는 씻어서 먹기 좋게 찢은 뒤 느타리 버섯과 함께 **1**에 넣고, 양념을 넣어 모든 재료가 퍼질 때까지 끓인다.

양념:
된장 1큰술, 고추장 1큰술, 고춧가루 1큰술, 간장 1큰술

언제나 선업을 일삼아
옛적부터 오늘에 이르기까지
깨달음의 도에 들겠다는
일념이 있다네

노각누룽지죽

처서가 지나면 한참 노각이 맛있을 때입니다. 씨까지 잘 여문 쫄깃한 노각을 따다 누룽지와 함께 죽을 끓입니다. 고소한 누룽지가 양념이 되어 노각 특유의 향을 북돋아 줍니다. 죽이 완성되면 소금과 밤가루를 넣어 내지요.

노각 1개, 누룽지 2줌, 생밤가루 1컵, 소금 약간, 물 7컵

1 끓는 물에 누룽지를 넣어 퍼지게 한다.
2 노각은 썰어서 소금에 30분 정도 절인 후 물을 짠다.
3 누룽지가 퍼지면 2의 노각을 넣고 불을 끈다.
4 소금과 밤가루를 넣어 낸다.

"나는 어진 의원과 같아서
병을 알아서 약을 베푸노니
먹고 먹지 않는 것은 의사의 허물이 아니며,
또한 잘 인도하는 것과 같아서
사람을 좋은 길로 인도하되,
듣고 행하지 아니하는 것은
인도하는 이의 허물이 아니니라"
<자경문 中에서>

녹두죽

깐 녹두를 마트에서 쉬이 구해 올 수도 있지만, 굳이 손 품을 팔아 통녹두를 까는 미련을 떨어봅니다. 불린 물을 쓰고 다시 써 가며 노란 녹두 속살을 발라내어 한 끝 차이의 맛까지도 더했습니다. 먹는 사람이 알아주면 고맙겠지만 그 한 끝 모른다 해도 내가 만족하니 그만입니다.

여러가지 소견 없애 버리고
바른 소견 저절로 열릴 때까지
한량이 있다 없다
집착하지 않으리

불린 깐녹두 2컵, 불린 쌀 1/2컵, 소금 약간, 물 11컵

1 쌀과 녹두는 깨끗이 씻어 물에 넣고 뭉근히 끓인다.
2 쌀과 녹두가 퍼지면 소금으로 간하여 낸다.

녹두밤죽

같은 재료로도 여러가지 다른 식감과 맛을 나타낼 수 있지요. 때때로 이것은 요령이기도 하고 지혜이기도 할 것입니다. 매번 갈아 만들던 녹두죽 대신, 통녹두를 물에다 뭉근히 삶아 찹쌀가루, 밤 가루 넣어 아침 죽을 만듭니다. 혀에서 사라지는 전분기 사이로 잘 씹어야 깊은 맛이 베어나는 녹두가 얽히고 설켜 인연을 만듭니다.

여름 열기운이 남아있는 듯
녹두빛처럼 지쳐버린 널 보니
가을이 코앞이다 알려 주려
밤가루 꺼내 든다.
너 혼자만 먹으라고
어여 기운 차리라고
조용히 손짓해본다.

통녹두 1컵, 삶은 밤가루 1컵, 찹쌀가루 3큰술, 소금 1큰술, 물 7컵

1 통녹두를 깨끗이 씻어 물을 넣고 뭉근히 중불에서 삶는다.
2 녹두가 다 삶아지면, 찹쌀가루를 풀어 한소끔 끓여 소금과 밤가루를 넣어 맛을 낸다.

아욱고추장죽

문도 걸어 잠그고 먹는다는 가을 아욱입니다. 그 정도로 맛도 좋고 영양가도 높지요. 넉넉히 준비한 아욱은 잘 치대어 물에 한 번 씻어낸 뒤에 끓여주세요. 밥과 감자도 함께 넣어 뭉근히 끓이지요. 혹, 쌀알보다 아욱이 많다고 놀라지 마세요. 이 좋은 아욱을 넉넉히 먹기 위함이니까요.

아욱 2줌, 밥 1/2공기, 감자 1개, 풋고추 1개

1. 아욱은 치대어 씻어 물을 넣고 끓인다.
2. 1에 밥과 감자, 풋고추, 양념을 넣고 뭉근히 끓여준다.

양념
고추장 1큰술, 된장 1큰술, 고춧가루 1큰술

쑥향에 달아난 마지막 모기 배웅하고
장독대 뚜껑 열어
깊숙이 주걱 넣어
잘 익은 검은빛 고추장 퍼 놓고
아욱을 바락바락 치대 솥뚜껑 안 닫힐 정도로
가마솥에 불 넣어
불기운이 사그라질때
옳거니 잠잠하네!
주걱 넣어 천천히 돌려보자~
바닥 눋지 않게

마죽

아무리 위에 좋은 마라도 차가운 성질이 있어, 사람에 따라 속이 더부룩 할 수 있어요. 이럴 땐 마에 열을 가한 뒤 죽으로 먹으면 되지요. 소화가 잘되라고 은행도 다져 넣고, 기다란 마 장갑 끼고 쓱쓱 갈아 죽을 끓입니다. 식감을 위해 일부는 깍둑 썰어 주세요. 끓고 있는 누룽지 솥에서 고소한 냄새가 무게중심을 잡으면 준비해둔 마와 은행을 넣어줍니다.

마 300g, 누룽지 100g, 은행 30알, 소금 약간, 물 7컵

1 누룽지는 물에 뭉근히 끓인다.

2 마 100g은 갈아두고, 나머지 마는 깍둑 썬 후, 누룽지가 80% 정도 익으면 넣는다.

3 은행을 다져 넣은 후 불을 끄고 소금으로 간한다.

하늘 하늘 마잎사귀가 단풍이 드네
서동아~
마 캐자꾸나!
서리빛 이슬처럼 맑은아이
졸래졸래 따라온다.
마뿌리 손에 들고 여여한 미소라니
숲속의 약사어래로다.

된장호박잎죽

열매가 매달릴 때 함부로 잎을 따면 성 낸다기에, 한 잎 두 잎 손대려다 꾹 참았더랬어요. 그 덕에 우리집 호박 넝쿨은 덩실덩실 풍년가가 울려 퍼집니다. 가을이라 넉넉해진 넓다란 푸진 인심에, 호박 잎 신나게 따다가 쌈 싸먹고, 국 끓이고 죽까지 끓여봅니다. 거친 잎이 보들 해지라고 싹싹 치댄 후에 뭉근하게 끓여내어 아침 공양 올릴게요.

호박잎죽 속에

법당의 단청이라니

연꽃인가

모란인가

국화인가

꽃으로 보려하니

긴죽비가 어깨에 내리네.

호박잎 2줌, 밥 1공기, 감자 1개, 풋고추 2개

1. 호박잎은 깨끗이 씻어 으깨어 둔다.
2. 물을 끓이면서 밥과 감자를 넣은 뒤, 한 번 끓어오르면 호박잎을 넣고 뭉근히 끓인다.
3. 밥이 70% 퍼지면 양념과 풋고추는 썰어서 넣고 죽이 퍼지면 낸다.

양념
된장 1큰술, 고추장 1큰술, 고춧가루 1큰술

땅콩죽

호두죽에 비하면 불린 땅콩 껍질 까는 건 일도 아니겠지만, 조물조물 속껍질 벗겨 내는 것이 다소 번거롭습니다. 속껍질이 있고 없음이 끝 맛의 차이가 제법 있기에, 대게는 내 손 한 번 더 가고 착한 벗 웃음 한 번 더 보겠다 마음을 내지요.

땅콩 2컵, 쌀 1컵, 소금 약간, 물 8컵

1. 씻은 쌀을 볶다가 수분이 다 마를 때쯤 물 5컵을 넣고 중불에서 끓인다.
2. 땅콩은 씻어 불려 속껍질을 벗겨 내고 물 2컵을 넣어 믹서에 간다.
3. **1**에 **2**를 넣어 끓이고, 죽이 퍼지면 소금으로 간한다.

주하고 그치고 경행함에 착한 이들과 벗하며
몸과 마음을 잘 작용하여
번뇌의 결택에서 벗어날 지어다.

고구마줄기죽

똑딱 부러뜨려 껍질을 길게 벗겨내고 고구마 줄기를 준비합니다. 생생한 여린 줄기는 껍질을 굳이 벗길 필요가 없지만, 부러뜨림 끝에 따라 나온 결이 있다면 손을 써 공들여서 벗겨줘야 하지요. 고구마 줄기를 잘 볶다가 밥과 함께 물을 넣고 뭉근히 끓여주세요. 아삭아삭 식감이 매력적입니다.

행하는 것
머무는 것
앉는 것
눕는 것 속에서
빽빽히 광명을 돌이켜
스스로를 볼지어다

고구마줄기 300g, 밥 1공기, 생강 2조각, 참기름 1큰술, 깨소금 3큰술, 간장 2큰술, 채수 9~10컵

1 고구마줄기를 생강과 함께 참기름에 볶다가 간장으로 간한 뒤, 밥과 채수를 넣고 끓인다.

2 뭉근히 끓인 후 깨소금을 얹어 낸다.

누룽지건파래죽

누룽지와 건파래를 함께 넣어 뭉근히 끓이고, 어느 정도 익으면 된장으로 간한 뒤 고운 깨소금을 넣으면 뚝딱 죽이 완성됩니다. 그러니 마른 파래를 조물조물 버무려서 찬 만들 생각만 하지 마시고, 보글보글 끓여서 편안한 한끼로 드셔 보세요.

건누룽지 100g, 건파래 30g, 고운깨소금 3큰술, 된장 2큰술, 소금 약간, 물 10컵

1. 누룽지와 파래를 물에 넣어 뭉근히 끓인다.
2. 누룽지가 어느 정도 익으면 된장을 넣고 한소끔 끓인 후 고운 깨소금을 넣고 불을 끈다.

네 벌의 옷과 하나의 발우로
정진에 힘쓰면
배부름과 배고픔에
거친 번뇌가 진정하리라

호두시금치죽

시금치에 호두 넣고 맛있게 무치려 했는데, 보드라운 죽이 먹고 싶어 맘을 바꿨습니다. 밥하려고 불려뒀던 쌀을 간 후에, 시금치, 호두 모두 갈아보지요. 어제 밖에서 주워 온 넉넉한 은행까지 드르르 갈아서 스프 같은 아침 미음을 만들었어요.

시금치를 먹으면
뽀빠이처럼 힘이 세어진다고 했던가
아주 먼 옛날 이야기가 되어 버렸다.
옛날이야기에 헛웃음지으며
시금치를 갈아본다.
텅 빈 뇌를 채울 마음에 호두도 넣고
갑자기 힘이 도도록 채워지는
이 순간이 신선하다.

호두 1컵, 시금치 200g, 쌀 1/2컵, 은행 10알, 소금 약간, 물 8컵

1 쌀을 2시간 불린 후 물 2컵을 넣고 간다.
2 물 3컵을 끓이다가 **1**을 넣고 중불에서 끓인다.
3 시금치는 깨끗이 씻어 물 2컵을 넣고 소금을 넣어 갈아서 끓고 있는 쌀에 넣어 끓인다.
4 쌀이 익으면 호두, 은행, 소금을 넣고 갈아서 **3**에 넣어 끓인다.
5 싱거우면 소금으로 간한다.

느타리버섯죽

맘 같아선 제철인 송이 따다 통크게 죽을 끓이고 싶은데, 아침 후원에는 느타리가 넘쳐납니다. 제 때 먹지 않으면 금방 재 넘을 테니 송이라고 생각하고 데쳐서 결대로 찢지요. 보글보글 끓는 녹두는 밥과 함께 끓이다가 송이 같은 귀한 맘으로 흔한 지혜의 느타리를 담습니다.

느타리버섯 200g, 밥 1/2공기, 불린 통녹두 1/2컵, 된장 1큰술, 간장 1큰술, 생강즙 1/2작은술, 물 5컵

1. 불린 녹두에 물을 넣어 끓인다.
2. 녹두가 무르면 밥과 생강즙을 넣고 뭉근히 끓인다.
3. 느타리버섯은 씻어 데친 후 곱게 찢어 2에 넣고 뭉근히 끓이다가 된장, 간장으로 간한 후, 한소끔 끓여 낸다.

비록 좋고 나쁜 것을 들으나,
마음에 움직이는 생각이 없음이니
덕이 없이 칭찬을 입음은
나의 부끄러움이네

호박호박잎죽

호박이 잘 여물라고 잠시 참았다가, 가을 바람 살랑 일길래 호박잎을 따왔어요. 사탕같이 맺혔던 호박들이 어느덧 제 모양을 갖췄네요. 숟가락으로 무심한 듯 풋호박을 뚝뚝 떼고 취향껏 찢어 치댄 호박잎을 함께 넣어, 짭짤한 간을 주고 뭉근히 끓입니다.

풋호박(애호박) 1개, 호박잎 2줌, 보리밥 1/2컵, 된장 1큰술, 간장 1큰술, 물 6컵

1. 보리밥은 끓는 물에 넣어 끓인다.
2. 호박잎은 치대어 찢어 함께 넣고 끓인다.
3. 호박은 숟가락으로 떠서 넣어 익힌다.
4. 된장, 간장으로 간하여 뭉근히 끓인다.

세속 인연을 하직함은
온 우주법계의 평등함이니
만약 친하고 멀어짐이 있다면
평등치 못함이라

호박씨죽

초록색 호박씨 곱게 갈아다 몸에 좋은 호박씨죽 만들어 봅니다. 속살 노란 호박죽일랑 잊어버리고, 눈으로 한 입 먼저 맛을 본 후에, 고소한 냄새 쫓아 코로 한 숨 들이킵니다. 눈과 코가 이미 벌써 만족했지만, 입으로도 만족할지는 모를 일이지요.

호박씨 1컵, 쌀 1컵, 소금 약간, 참기름 3방울, 물 7컵

1. 쌀은 참기름에 박박 문질러 물 5컵을 넣고 끓인다.
2. 호박씨는 1스푼 남겨두고 나머지는 물 2컵을 넣고 갈아 둔다.
3. 쌀이 퍼지면 갈아둔 호박씨를 넣고 한 번 끓이다가, 한 번 끓어오르면 소금으로 간한 후 남겨둔 호박씨를 다져서 올려 낸다.

밤을 등지고 싶은데
밤을 마주하고
해를 마주하고 싶은데
해를 등지게 되네
밤과 낮이 자리를 바꾼걸까?
내가 아닌 내가 있는건가?
해 안에서 움직이고
달 안에서 잠들고 싶다고
보채는 이에게
호박씨의 마법을 보여줄까?
한숨이라도 푹 자려무나~

흰죽

별 것 든게 없으니 가장 쉬울 것 같지만, 사실은 가장 예민한 죽입니다. 부족한 물을 잡으려 해도 끓는 물을 부어줘야 하지요. 딱히 불리지는 않아도 되지만, 오돌토돌 돌기 오른 그릇에 참기름 몇 방울 넣고 쌀을 문질러야 흰 죽의 깊이가 더해집니다. 하얀 소금으로 간을 더해 아침상에 올리지요. 산초 장아찌를 곁들이면 금상첨화입니다.

쌀 1컵, 물 6~7컵, 소금 약간, 참기름 3방울

1. 쌀을 씻은 후 오돌토돌한 그릇에 참기름을 떨어뜨려 문지른다.
2. 물이 끓으면 문지른 쌀을 넣고, 중불에서 한 번만 저은 후 끓인다. 퍼질때까지 젓지 않는다.
3. 쌀이 70% 정도 퍼져 물의 표면에 거품이 방울방울 생기면 저어가면서 쌀을 90%까지 퍼뜨리고, 소금을 넣고 불을 끈다.

무상한 보리를 이루고져 할진대
항상 평등한 마음을 품음이 중요하니라

율무당근죽

찬 이슬이 내리다 말고 내 눈에 스몄는지, 눈이 침침한 날이 잦아집니다. 눈에 좋다는 말만 덥석 믿고 율무를 불리고, 당근 깍둑 썰어 나를 위한 죽을 만들었지요. 더해진 가을의 깊이를 아로새기려, 이번 주말엔 단풍놀이에 다녀와야겠어요.

율무 1컵, 흰콩 1/2컵, 깍둑 썬 당근 1개 분량, 소금 약간, 물 11컵

1. 율무와 흰콩은 씻어서 불린다. *하루 전날 불려두면 좋다.
2. 불려둔 율무와 흰콩은 물 1컵을 넣고 거칠게 간 후, 깍둑 썬 당근과 함께 물 10컵을 부어 죽을 끓인다.
3. 소금으로 간하여 낸다.

똥글똥글 율무 갈고
흰콩도 덤으로 갈아
벵듸 하르방 당근
얌전하게 썰어
진득하게 잘 끓여주면
제주 올렛담 사이로
피었던
하얀 당근꽃이
모락모락

메조단호박죽

늦가을 잘 숙성된 단호박을 가져다 죽으로 끓여봅니다. 단호박은 듬성듬성 으깰 만큼의 크기로만 썰어준 뒤에, 뭉근히 끓이던 조에다 넣어주세요. 가을 단풍 빛 듬뿍 담은 달콤한 죽에 행복한 맘으로 환희심을 냅니다.

100년에 한 번 망망대해에서
구멍 뚫린 나무를 만나 햇빛을 잘 쬐다가
다시 심해속으로 들어가는 거북
인간이 됨이 세상을 만난 것과 같음이거늘

메조 1컵, 단호박 500g, 소금 약간, 물 11컵

1 조는 물을 부어 끓인다.
2 단호박은 껍질을 벗겨 썬 뒤 *1*에 넣어 뭉근히 끓인다.
3 죽이 퍼지면 소금으로 간한다.

> 일생이 얼마나 되간데
> 닦지 아니하고 게을리하는가?

율무죽

괜히 몸이 무거운 요즘입니다. 몸에 좋은 율무를 삶아 거칠게 갈고, 쌀과 함께 보글보글 끓여줍니다. 그 사이 은행도 껍질 벗겨 갈아 넣어 주세요. 고약한 냄새에 꺼려지던 은행이지만 수행하듯 불기운이 닿으면 식감과 풍미가 훌륭해지니까요.

율무 1/2컵, 쌀 1/3컵, 은행 30알, 소금 약간, 물 8~10컵

1. 율무는 물 3컵을 넣고 삶아 믹서에 거칠게 간 후 쌀과 함께 끓인다.
2. 은행은 껍질을 벗겨 믹서에 거칠게 간다.
3. 율무와 쌀이 퍼지면 은행을 넣고 소금으로 간한 후 한소끔 끓여 낸다.

양배추당근죽

식감 돋는 주황빛의 당근을 다지고, 위에 좋다는 양배추도 곱게 다졌습니다. 어제 저녁 남아있던 밥 한 공기 넣고서 다진 당근, 양배추도 함께 넣어 죽을 끓여 보아요. 그렇게 싫어하던 당근이었는데 인연이 바뀌었다고 입에 찰싹 붙습니다. 찰나지간도 이 맘은 같을 수가 없네요.

양배추 200g, 당근 1/2개, 밥 1공기, 소금 약간, 물 6컵

1 양배추와 당근은 깨끗이 씻어 다진다.
2 밥, 양배추, 당근을 함께 넣고 뭉근히 끓인 후 퍼지면 소금으로 간한다.

친하고... 멀어지고...
미워하고... 사랑하고...
번뇌의 작용이 더 깊어지고...

더덕죽

더덕에다 젖은 수건 올려 통통 찍어 아주 얇은 보푸라기를 만듭니다. 달달한 대추는 다져두고 불린 차조는 물을 넣고 뭉근히 끓여주세요. 사각사각 더덕과 달달한 대추 향이 완전히 죽에 스며들 때쯤 소금으로 간하여 내어 봅니다.

더덕 5뿌리, 불린 차조 1컵, 대추 10개, 소금 약간, 물 10컵

1. 더덕은 껍질을 제거한 후 아주 얇게 두드려 보푸라기처럼 만든다.
2. 대추는 다져두고 차조는 물을 부어 끓인다.
3. 차조가 80% 정도 퍼지면 더덕과 대추를 넣어 완전히 익힌 후 소금간 한다.

숲길을 걷다가
더덕향에 발걸음을 멈춘다.

우산국의 동박새도
날개짓을 멈춘다.

동박새야
동백꽃 꿀보다
더덕이 더 달더냐

오늘은 내게 양보하려무나

깨죽

파도 아래 흩뿌려진 고운 모래가 아닙니다. 쌀과 함께 고요한 깨죽이예요. 채에 받쳐 곱게 내려 앉은 깨를 가지고 정성스레 저어가며 죽을 끓이지요. 차갑게 내려앉은 늦가을 새벽 공기도 슬며시 비집고 들어가는 고소한 향기를 멈출 재간은 없어 보이네요.

> 서리 내려앉듯 조용히 죽을 담아낸다.
> 거승도 한 그릇
> 지마도 한 그릇
> 유마도 한 그릇
> 호마도 한 그릇
> 임자야 너도 한 그릇 들어라

쌀 1컵, 고운 깨소금 2컵, 소금 약간, 물 7컵

1 쌀은 씻어 불린 후 갈아서 끓인다.
2 죽이 퍼지면 소금, 깨소금을 넣어 한소끔 끓여 낸다.

표고버섯꽁지죽

볶을 때는 말캉말캉 머리만 쓰고, 이래저래 모여 있는 표고 꽁지를 얇게 얇게 결결이 찢어줍니다. 한데 뭉치면 질겨서 씹지도 못했는데, 흩어 놓고 볶아보니 어느새 죽에 어울리는 훌륭한 재료지요. 편견 없이 보다 보면, 그 귀한 쓰임이 보이나 봅니다.

쌀 1/2컵, 표고버섯 꽁지(기둥) 1컵, 소금 약간, 된장 1큰술, 참기름 1작은술, 후춧가루 약간, 고운 깨소금 3큰술

1. 표고버섯 꽁지는 잘게 찢어 참기름 한 방울, 소금 약간을 넣고 볶다가 물을 넣고 끓인다.
2. 쌀을 씻어 참기름에 문지른 후 *1*에 넣어 함께 끓인다.
3. 고운 깨소금을 넣어 낸다.
4. 기호에 따라 후춧가루를 넣어 먹는다.

사랑할 땐 해서 반드시 기뻐할 일이 일어남이요
미워할 땐 해서 꼭 상심할 일이 일어남이다
꿈 속의 일이나 허공 속에 핀 꽃과 같이
본래 진실한 것이 아니기 때문이다

고구마토란죽

포슬포슬 고구마에 토란입니다. 탱글탱글 알이 붉은 율무도 있지요. 모두 제가 한 식감 한다고 자랑하기에 갈지 않고 대강대강 넣어봅니다. 한순간에 달콤함이 가득했다가 잠시간은 씹는 맛이 재미가 있고, 한데 모여 머무른 시간에 따라 인연 맺듯 새로운 맛이 느껴지네요.

고구마(中) 1개, 토란 5개, 율무 1/2컵, 소금 약간, 물 6~8컵

1. 율무는 물 6컵을 넣고 뭉근히 끓인다.
2. 고구마, 토란은 씻은 뒤 껍질을 벗기고, 먹기 좋은 크기로 썰어 **1**이 다 퍼지면 함께 넣어 무르게 한다.
3. 소금으로 간한다.

종일 분주히
이럴까 저럴까 생각한다.
새벽 잠에서 고요히 일어나
어찌다 옳고 그른일에
깨닫는 수가 허다하다.

늙은호박죽

익숙한 노랑이 반갑습니다. 단단하게 여문 골 깊은 호박에 하얀 분도 곱게 앉 았습니다. 보기만 해도 든든한 늙은 호박은 조심조심 겉과 속을 갈라야 해요. 씨와 속은 걷어 내고 껍질도 벗겨 내니, 이제서야 호박죽 만들 준비가 되었습 니다. 팥과 양대를 함께 넣고 뭉근히 푹 삶아 낸 뒤 옹심이도 단단히 챙겨 넣어 이 가을을 갈무리합니다.

다들 시들어버렸는데
양지바른 귀퉁이에
띄엄띄엄 피어있는 구절초 한무더기
얼어버릴까 가져와
작은 옹기 항아리 가득 꽂아본다.
늙은 호박 말캉함이 듬성듬성
찹쌀옹심이의 씹히는 맛 더하니
나 홀로 잔치로구나!

호박 700g, 불린 팥 1/3컵, 불린 양대 1/3컵, 습식 찹쌀가루 1/2컵, 물 7~8컵

1. 늙은 호박은 껍질을 벗겨 썬 뒤, 팥, 양대와 함께 뭉근히 끓인다.
2. 찹쌀가루로 옹심이를 만들어 **1**에 넣는다.
3. 죽이 퍼지면 나머지 찹쌀가루를 넣고 한소끔 끓인 후 소금으로 간한다.

옹심이
습식 찹쌀가루 1/2컵, 뜨거운 물 1.5~2큰술

동지

이 버섯 닮아 징하던 일이라
추면등 일의 부담 따위
수하게 집어두시게.
과한 삭힘은 동치미에
로움 뿐일세. 그
팥죽으로 구별 짓기에
채우시게.

소한

허불실진고체일제능
허과수하추면등일제
로한게이일의능이
움삭힘집부버징
뿐은어담섯하
일동두따닮던
세치시위아일
. 미세 던이
그에. 일라
이
라
징

왈주설즉주다밀라네
바야반설고

구마도 삶아 놓을까...
절 설킹 거리지 않게.
생절 길러 호박죽도 쑤어 놓고
어 콩이 톡 떨어지는 겨울 오후
봐도 좋은 사람들이 모여 드

온, (蜜水) 라온, 즐거운 이 시간
수운
기에
설즉
왕문담
대객전아
대한 도래
객 이 답
왕이 찾
설도 아
즉 래 왔
되 답 다
는 이 야
야도 단
단래 법
법답 석
석 이 에
에 소
소찾 한
한아 이
이왔 로
로다 다
다. 화
. 두
의
끝
이
로
다.

대한

이름도 큰 추위가
마지막으로 물러가며
일이 피어오르는 봄이 올 거라
먼서 알리네.

하바사지모제아승라바제아라바제아제아

나라람구랑발득풍
모 안에 피어나길 온 우주 안에.
되 건대 ...봄으로 입
길...

冬

대소동대소입
한한지설설동

입동

고슬고슬 팥알갱이
의양 우쭐거림
슬부터 시루 안에
침이 누워있던 멥쌀가루
이독하며 품어준다
독누아…시루안 팥시루떡
가을 떠나보내기
이연했기에
아니었나
별이 가을 맞이해 보련다
다(冬) 맞이 함께 하실 텐가
뇨삼 허설 없는 입동 맞이
라삼 실동(冬) 함께 하실 텐가
보리 허설 없는 입동 맞이

소설

다 바람에
야리한 감색이
바구니 한참 만들고 보니
반듯 무말랭이
지붕 밑에 시래기 말려볼까
고양이 강아지풀 찾아갈 때
시밀려 오고 흔들리고 있다
대로
시기하게 겨울이 오는
신처럼 자라려던 목화는
주나게 추처럼
시로 인연인게지
다 인연인게 아닌게지
밀려 오고 흔들리고 있다

대설

주명 아롱주 지팡이
대령에 바구니 걸어 내려
시주 저 앉았던 몸 일으키네

무시 주상무시
시절 위에 시로 인연이
절이 눈에 인연인게지
인가에 인처럼
연인 연담이
처게지 많디
럼 만지 많거만…

주등등 위에 눈 아래
불아 내리는 눈꽃처럼
위에 끌리는 눈발처럼
오기 인연은
기내 다.
에리
스눈
머발
든처
다.럼

대추죽

따뜻한 대추의 까끌한 껍질을 채에 받쳐 걸러냅니다. 그대로 따뜻하게 차로 마시려다, 보글보글 끓고 있는 흰죽을 봅니다. 잘 끓였다 못 끓였다 티 나는 흰죽 말고, 가끔은 잘 했다 칭찬만 가득 받고 싶어서, 서릿발 이는 오늘 아침, 포근하고 달달한 아침 죽을 끓여 봅니다. 첫 술에 달콤함이 가득하시고, 두 술에 칭찬만 가득 머금어 주세요.

대추 2컵, 쌀 1컵, 밤 가루 1컵, 소금 약간, 대추 삶은 물 5컵, 물 9컵

1. 쌀은 씻어서 물을 부어가며 볶듯이 끓인다.
2. 대추는 뭉근히 끓여 삶은 물과 함께 채에 걸러 낸다.
3. 쌀이 50% 퍼지면 걸러 둔 대추를 넣고 뭉근히 끓여 밤가루를 올려 낸다.

멧대추나무를 흔들어 깨운다.
너무 흔들어 어지러운지
머리위로
검붉은 대추알을 쏟아붓는다.
난데없는 대추비에
당황스럽다.
골풀자리 밖으로 떨어진 대추알을 주워담다보니
하루해가 저물어간다.
겨울에 들어서는 노을빛이 대추빛깔을 닮았다.

매생이죽

아무리 끓어도 쉬이 그 속을 알 수 없는 매생이 입니다. 우스갯말로 "미운 사위 매생이국 준다" 하지만, 저는 마음이 불 위의 매생이처럼 여여(如如)했으면 좋겠습니다. 대지의 풀들이 몸 낮춰 웅크리는 이 추위에도 오히려 기지개 펴고 나오는 멋있는 이 바닷풀처럼, 이 죽 먹고 오늘 하루는 멋지게 지어 가렵니다.

매생이 1재기, 옹심이 15알, 누룽지 50g, 소금 약간, 물 7컵

1. 물에 누룽지를 넣고 끓인다.
2. **1**이 끓으면 깨끗이 씻은 매생이를 넣고 끓인다.
3. **2**가 뭉근히 끓어 퍼지면 옹심이를 넣고, 옹심이가 떠오르면 소금으로 간한다.

옹심이
습식 찹쌀가루 1/2컵, 뜨거운 물 1.5~2큰술

사람들이 소중히 여기는 것은 무엇인가?
부귀공명이요
하찮게 여기는 것은 무엇인가?
곧 마음이다.

대추우엉차죽

가을이 닿자 마자 성급히 볶아 둔 우엉차를 고소하게 우려 내고, 그 물에 밥을 뭉근히 끓입니다. 어제 남겨둔 찬밥에 우엉 차로 생기를 불고, 토닥토닥 다진 대추 뭉근히 함께 끓여 냅니다. 오늘 아침 서릿발이 제 아무리 굵어도 대중들의 가슴은 뜨끈하길 바랍니다.

대추 7개, 우엉차 70g, 밥 1공기, 소금 약간, 물 6컵

1. 물이 끓으면 우엉차를 넣고 우려낸 뒤, 밥을 넣고 뭉근히 끓인다.
2. 대추는 다져 밥이 퍼지려고 할 때 넣은 뒤 뭉근히 끓인다.
3. 죽이 되면 소금으로 간한다.

입동 바람이 시원하니
사방이 청산이다.
달빛이 밝으니
대추와 우엉이 익어가네

호두죽

많은 사람들이 잣죽을 으뜸으로 꼽지만, 개인적으로는 호두죽을 더 높이 평가합니다. 한 알 한 알 속껍질까지 벗겨야 하지만 속이 허할 때 으뜸가는 보양식이기도 하지요. 특히 수험생을 자녀로 두신 분께는 응원하는 마음을 가득 담아 꼭 한 번 끓여 주시라 말씀 드립니다. 흰죽을 뜸 들일 때 간 호두를 넣어야 향이 더욱 깊어집니다.

속껍질 깐 호두 1컵, 쌀 1컵, 소금 약간, 물 6~7컵

1. 쌀은 씻어 물 4컵을 넣고 끓인다.
2. 속껍질을 제거한 호두에 물 2컵을 넣고 믹서에 곱게 간다.
3. 쌀이 퍼지면 호두와 소금을 넣고 한소끔 끓여 낸다.

가래라니~
-호두야.

가래라니까~
-호두야

우리 할머니가 가래라고 했거든~
-응 아니~호두야

내 마음이 가래끝처럼 뾰족해졌나보다

손바닥안에 넣고 비벼볼까
둥글둥글 호두가 되도록

은행죽

찬 바람 일면 지천인 은행이지만, 그것을 까고, 손질해 사용하기 까지는 약간의 용기가 필요합니다. 주방에 쉬이 없을 연장을 들고 투닥투닥 거친 껍질을 우선 벗기고, 속껍질도 벗겨서 사용해야 하지요. 냄새는 또 어떤가요? 하지만 여기저기 너무 좋은 은행이라니, 내 수고로움이 선물 되고 복이 되라고 드르르 갈아내어 죽을 끓입니다. 식감 있는 호두는 덤이라지요.

은행 1/2컵, 쌀 1/2컵, 호두 1/2컵, 소금 약간, 물 6컵

1. 쌀을 씻어 볶아 물 5컵을 부어 끓인다.
2. 은행은 껍질을 벗긴 후 물 1컵을 넣고 믹서에 거칠게 갈고, 호두는 깨끗이 씻어 다진다.
3. 쌀이 퍼지면 은행을 넣고 한소끔 끓인 후 호두를 넣고 소금으로 간한다.

법에 대하여 모두
자유자재 하도다
옳고 그름과
좋아하고 미워함에
어찌 걸리고, 가림 있다 하는가?

무죽

포대자루에 김장만큼 산더미로 쌓아둔 무를 하나 챙겨옵니다. 곳간에서 인심 난다 그 옛말 하나 틀린 게 없어서, 무채 인심이 넘쳐나는 것은 어쩔 수 없습니다. 쌀에 고소함이 배이도록 잘 볶은 뒤 넉넉한 무를 넣고 죽을 끓여주세요. 생강즙도 잊지 않고 넣어주어야 풍미 좋은 무죽이 완성됩니다. 무를 먹기 위함이니 쌀알이 뜸하게 보인다고 이상타 여기지 말아주세요.

무 600g, 쌀 1컵, 간장 1작은술, 생강즙 1작은술, 참기름 1작은술, 소금 1작은술, 물 7컵

1 무는 채 썰어 소금, 생강즙을 넣고 절여둔다.

2 쌀을 씻어 참기름에 볶다가 *1*을 함께 볶은 후, 물을 넣고 뭉근히 끓인다.

무청 잘라 읽어 치마 아래 걸어두고
땅속 기운 물씬 묻어난
시원한 무죽 끓여 놓겠습니다.
김장 올리 오신 도반님들
봄 같은 기운이 봄을
따뜻하게 해드릴 겁니다.

호두수수죽

추운 날 웅크린 어깨에 힘을 주고 싶습니다. 간밤에 붉은 수수 잘 불려 두었다가 박박 문질러 죽을 끓입니다. 그냥 마냥 힘내라 토닥인 대도, 또 다시 내가 하는 잔소리 같을 까봐, 쫀득쫀득 맘을 담아 옹심이를 빚습니다. 고소한 호두까지 갈아 넣었으니 단박에 그 어깨가 쫙 펴졌으면 좋겠습니다.

호두 1컵, 수수 1/2컵, 수수가루 1/2컵, 찹쌀가루 1/2컵, 소금 약간, 물 5~6컵

1. 수수는 박박 문질러 씻어 물 3~4컵을 넣고 끓인다.
2. 찹쌀가루와 수수가루를 섞어 익반죽하여 옹심이를 만든다.
3. 1의 수수가 퍼지면 옹심이를 넣고 뜰 때까지 끓인다.
4. 호두에 물 2컵을 넣고 갈아 죽이 퍼지면 넣고 한소끔 더 끓여 낸다.

선사님께서는
명리를 구함은
아침 나절의 이슬과 같다 하였고
영화롭다거나 괴롭다거나를 얻음은
저녁 나절 열기와 같다고 하였다.

나에게 경책하노니

그른 줄 알면서도 범한다면

돌이킬 수 없으니

가히 삼가지 않을 수 없겠느냐

삼가지 않을 수 없겠느냐

차조은행잣죽

조는 본디 작디 작아서, 오히려 곱게 갈리지 않는 경우가 많습니다. 하지만 몸이 아파 기력이 떨어진 이에게도 크게 힘을 북돋울 수 있는 대찬 곡물이지요. 초록빛 차조와 노란빛 메조를 함께 갈아서 쌀가루 넣어가며 곱게 퍼뜨립니다. 마지막엔 은행과 잣도 함께 갈아 넣어주세요. 소설 추위에 얼음이 꽁꽁 얼기 시작한대도, 이 죽 한입 머금으며 추운 얼음을 살살 녹여 볼랍니다.

차조 1/3컵, 메조 1/3컵, 쌀가루 1/2컵, 은행 10개, 잣 3큰술, 소금 약간, 물 7컵

1 차조와 메조는 불려서 갈아 끓인다.

2 1에 쌀가루를 넣고 퍼지게 끓인다.

3 은행, 잣을 씻어 곱게 갈아 소금과 함께 죽에 넣어 한소끔 끓인다.

잣죽

들이쉬고 내쉬는 호흡만 가득하다가 한순간 탁 나를 놓쳤습니다. 대체 오늘 후원에서 무엇을 만들길래, 코도 맘도 벌렁벌렁 냄새를 쫓습니다. 아, 고소한 잣죽이구나! 무릎을 탁 치는 순간이지만, 내 맘 놓친 건 온데간데없네요!!

잣 2/3컵, 쌀 1컵, 솔잎가루 1큰술, 소금 약간, 물 6컵

1. 쌀을 불려 믹서에 거칠게 간 후, 중불에서 뭉근히 끓인다.
2. 잣은 갈아둔다.
3. 죽이 퍼지면 잣을 넣고 한소끔 끓여 불을 끈 후 솔잎가루를 얹어 낸다.

머릿속의 잡념이 복작복작거리고
발바닥은 사막의 모래위를 걷는 듯하고
시원한 솔바람이 그립고
청량한 잣향기가 그립다.
소나무와 잣나무가 어우러진
흙길을 맨발로 걷고 싶다.

잡곡죽

잡곡이 몇 가지인가 세어봅니다. 검은콩, 율무, 차조, 메조... 이래저래 세어 보니 12가지나 되네요. 조와 율무까지 헤아려 넣고 시간이며 공을 들여 잡곡을 불립니다. 드르륵 거칠게 갈아내 소금만으로 간한 죽은, 씹을 때 마다 마디마디가 곱게 섞여서 잡곡의 본성이 오롯이 내 몸으로 전해지지요.

한 번 사람 몸을 잃어버리면
만겁 천겁을 지내더라도
만나기 어려운 것이다.
더구나 덧없는 목숨을
아침에 저녁 일을 일 겨를이 없다는데

현미, 찰현미, 쌀, 찹쌀, 메조, 차조, 율무, 수수, 검정콩, 흰콩, 팥, 녹두 각각 1큰술씩, 소금 약간, 물 10컵

1 잡곡은 모두 섞어 불린 후 거칠게 갈아 죽을 쑨다.

2 소금으로 간한다.

당근두부죽

찬바람 일고 먹는 흙당근은 대부분 성공입니다. 달달하고 사각하며 즙도 풍부하지요. 생으로 먹어도, 볶아 먹어도, 이래도 저래도 맛있는 당근이니 큼직하게 죽에 썰어 넣어도 분명히 맛있을 것입니다. 그래도... 물컹한 당근에는 분명 호불호가 있어요. 어떡하지. 지금 아니면 이 달콤한 당근을 죽에 담기는 힘든데... 그러니 말이죠, 담백한 두부도 함께 넣어 드릴게요. 겨울의 달콤함에 도전해 보세요.

당근 300g, 두부 1/2모, 현미 1/2컵, 소금 약간, 물 9컵

1. 현미는 불려 믹서에 한 번 갈아 물을 부어 끓인다.
2. 당근은 1cm×1cm×0.5cm 두께로 썰어 현미죽이 끓으면 넣고 함께 끓인다.
3. 두부는 2cm×2cm×2cm를 썰어 죽이 퍼질 때 넣고 소금으로 간하여 낸다.

가을 단풍이 파사한데 뭇새들이 운다.
가을 밤엔 달도 밝고 바람은 서늘하다.
이러한 시절에 무생법인의 노래 한 곡을
몇 번이나 부르건만.

서리태죽

흰머리가 나기 시작했다며 서리태를 찾던 도반이 생각납니다. 아침마다 서리태 곱게 갈아 세월을 붙들겠다 큰소리를 쳤지요. 앞에서는 헛소리 마라 웃어 넘겼지만, 혹여나 내 머리에 이는 세월도 잡아 붙들어 질까 조심스레 살핍니다. 찬바람 호호 부는 오늘 아침은 이 세월 주인공인 나에게 서리태죽을 선물해 봅니다.

서리태 1컵, 쌀 1컵, 찹쌀가루 3큰술, 소금 약간, 물 10컵

1. 하룻밤 불린 서리태를 삶아서 껍질을 깐 후 믹서에 곱게 갈아두고, 껍질은 갈아서 찹쌀가루와 섞어 콩 만하게 새알심을 만든다.
2. 쌀은 씻어 끓는 물에 넣어 중불에서 죽을 쑤기 시작한다.
3. 쌀이 퍼지면 갈아둔 콩과 새알심을 넣고 끓인 후 소금으로 간한다.

펑펑 박꽃처럼 내리는 눈을
이불 삼아 있다가 봄보리가 파릇한 싹을 내밀 듯
눈송이 같은 찹쌀 알갱이 소복소복 쌓이면
연두빛 감춘 채 서리태가 발자국을 남긴다.

작은 떡잎이 나온다.
본 잎이 나고 한겹 한겹 싸여
뿌리를 뽑을 때쯤
수고했다고 안아달라고
두 팔에 안길만큼 폭이 들어있다.
감사하다.
그 고마움에
더 오랜시간 너를 기다려준
발효의 맛을 선물해주고 싶다.

배추죽

빨간 고추장 2큰술, 고춧가루 1큰술에 국물 맛 깊어지라 된장 한 순갈 얹어봅니다. 참기름에 볶아가며 맛을 더한 흰쌀을 채수 넣고 부르르 끓여주지요. 커다란 거품 일어나면 배추며 양념을 한 데 넣어 빨간 죽을 만들어주세요. 오늘하루, 포근한 눈발의 어린 추위쯤, 감히 나를 이길 수 없을 만큼 든든합니다.

배추잎 10장, 쌀 1컵, 참기름 1작은술, 채수 8컵

1 쌀은 씻어 참기름에 볶으면서 채수를 조금씩 부어가며 오래 볶다가 나머지 채수를 모두 넣고 끓인다.

2 쌀이 끓으면 배추, 양념장을 넣고 뭉근히 끓여 낸다.

양념
고추장 2큰술, 된장 1큰술, 고춧가루 1큰술

돼지감자죽

산비탈 밭에다 돼지감자를 심었습니다. 매번 우리밭을 쑥대밭 만드는 멧돼지들 때문에 속이 상했거든요. 아린 맛에 돼지들은 싫어한다지만, 똥딴지스럽게도 이름은 돼지감자입니다. 토실한 생강을 닮은 이 녀석을 잘 씻어다 깍둑깍둑 모양내어 죽을 만듭니다. 누룽지에 된장 넣어 뭉근히 끓여 내니, 올 겨울은 이 주방에서 인심이 날 것 같습니다.

돼지감자 300g, 누룽지 100g, 밤 3개, 된장 2큰술, 물 9컵

1. 돼지감자는 깨끗이 씻어 깍둑썰기 하고 밤은 껍질을 벗겨 썰어 놓는다.
2. 돼지감자, 누룽지, 밤을 넣어 뭉근히 끓인다.
3. 2에 재료가 퍼지면 된장을 넣고 한소끔 더 끓여 낸다.

나의 전생의 일을 돌이켜 추억해보니
태, 난, 습, 화의 사생과
육도의 험한 길에서
인연을 받고 있었구나.

콩죽

재료만 보면 세상 만만한 콩죽이지만 그 맛 만큼은 일품입니다. 미리 콩을 불려놓지 않아도 불기운 내어 삶으면 그만입니다. 식감 있게 거칠게 간 하얀 콩물을 적당히 퍼진 흰죽에다 함께 넣어 끓여주세요. 소금 간도 잊지 않고 꼭 해야 해요. 오늘 아침 잘 먹었다 감사인사는 재료의 귀하고 흔함이 아닌 손끝 서린 정성에 따라오네요.

다행히,
전세(前世)로 부터 인연이 있어
사람이 되었고,
다행이 복이 있어
출가장부가 되었도다

불린 흰콩 1컵, 쌀 1컵, 소금 약간, 물 9컵

1. 쌀을 볶다가 물 6컵을 넣고 중불에서 끓인다.
2. 콩은 물 3컵을 넣어 삶은 후 거칠게 갈아둔다.
3. 쌀이 70%정도 퍼지면 2의 콩을 넣고 퍼지게 끓인 후, 재료가 모두 퍼지면 소금으로 간한다.

밤가루마죽

밤 철에 넘치던 밤을 고이 갈아 두었습니다. 만약에 없다면 삶은 밤을 가루 내어 사용해도 괜찮아요. 기운 끌어올리는 차조는 작아도 쉬이 무르지 않으니 푹 퍼지게 끓여줘야 합니다. 마를 채 썰어 밤 가루 묻혀 죽을 만듭니다. 기운도 북돋고 지혜도 샘솟으시라고 고소한 호두도 다져 넣지요.

밤가루 1컵, 마 300g, 차조 1컵, 호두 1/2컵, 찹쌀가루 2큰술, 소금 약간, 물 10 컵

1 차조는 물을 넣어 푹 퍼지게 끓인다.
2 차조가 80% 정도 퍼지면 찹쌀가루를 넣어 한소끔 끓인 다음 불을 끈다.
3 마는 채 썰고 호두는 다져 밤가루와 함께 *2*에 넣고 소금으로 간하여 낸다.

지, 수, 화, 풍 사대의
색, 수, 상, 행, 식 오온의
허망성이 바로 청정법신이로다.

팥죽

까만 밤이 일년 중 가장 긴 동지라기에, 찹쌀로 동글동글 묘수를 빚습니다. 붉은빛 팥으로 액운을 막고 동글동글 찹쌀 달빛 이 밤을 빚내면 오늘 하루 끄덕 없는 명약이 됩니다. 어릴 때는 열 손가락 넘지 않는 새알심이 아쉽더니, 오늘은 이 옹심이 언제 다 먹나, 망설이는 내 모습에 웃어봅니다.

> 아직 종루에서 울림이 전해지지 않는다.
> 머물고 있는 도량이
> 하늘 가운데인지
> 바다 가운데인지
> 사방이 고요하다.
> 지그시 나를 내려다 보는
> 세상에서 가장 존귀한자의 눈빛도 고요하다.
> 시리게 푸른 빛이 돌도록 깎은 머리가
> 희미하게 밝아오는 새벽속에 숙여진다.
> 드디어 법고가 울린다.

팥 1/2컵, 쌀 1/2컵, 물 6컵, 소금 약간

1. 팥은 삶아서 곱게 갈거나 채에 걸러 둔다.
2. 찹쌀가루를 익반죽하여 옹심이를 만든다.
3. 쌀은 불려 물을 넣고 뭉근히 끓이다가, 쌀이 퍼지면 옹심이와 팥을 넣고 끓인다.
4. 옹심이가 떠오르면 소금으로 간하여 낸다.

옹심이
습식 찹쌀가루 1컵, 뜨거운 3큰술

노란꽃 관음죽과
까막 까치의 세력다툼
참새의 지지배배로 항상
그렇게 대용(大用)하며
드러나지 않은 곳이 없다.

우엉죽

우엉을 껍질째 싹싹 갈아 둡니다. 보들 할까 기대했는데 쭈뼛쭈뼛 섬유질이 개성대로 섰습니다. 불과 맞닿으면 보드라워질지 몰라도, 그 성품대로 향기만은 한결같지요. 잘 볶은 쌀에 당근과 표고로 색감을 더하고 갈아둔 우엉을 넣어 뭉근한 죽을 끓입니다. 땅의 계절을 살뜰히 모아둔 우엉 덕분에 입안 가득 땅의 풍미가 들어찹니다.

우엉 1대, 쌀 1컵, 당근 50g, 표고버섯 2개, 간장 1작은술, 참기름 1작은술, 소금 약간, 물 8~10컵

1 쌀은 씻어 건져두고, 우엉은 강판에 갈아두고, 당근과 표고버섯은 다져둔다.

2 표고를 참기름에 볶다가 쌀, 당근, 우엉 순으로 더하여 볶는다.

3 **2**를 간장으로 간한 후 물을 부어 뭉근히 중불에서 끓인다.

4 쌀이 퍼지면 소금으로 간한다.

차조연근죽

껍질을 벗기지 않은 푸른 녹두를 하룻 밤 고이 불려다 푸른 차조 넣고 함께 끓입니다. 재료를 곱게 갈아 넣은 죽에 대면 쉬이 무르지 않아, 혹여나 물이 부족할까, 자칫하면 물이 넘을까 내 맘을 시간과 묶어 살피게 됩니다. 조바심 나는 순간에도 여여하라고, 한결 같은 연근을 깍둑깍둑 썰어 보글보글 끓는 죽에 넣어줍니다.

청차조 1컵, 연근(小) 1개, 통녹두 1/2컵, 소금 약간, 물 11컵

1. 차조와 녹두는 씻어서 불린 후 물을 부어 끓인다.
2. 연근은 깍둑썰기 하여 1에 넣고 함께 끓인후, 죽이 퍼지면 소금을 넣어 마무리한다.

청차조 키질하며 세세한 번뇌 돌 고르고
청녹두도 상위에 펼쳐놓고 거친 번뇌 돌 고르고
연근도 연잎 위에 올려놓고
마음속에 선한 씨앗이 자랐으면...
그 바람에 집착하지 않았으면...
나와 다름에 갈등하지 않았으면...
항상 진리에 머물며
지혜를 얻을 수 있도록...
두 손을 모아본다.

온갖 법문의 무량한 뜻은
꿈에서 깨는 것이
연꽃이 피는 것과 같구나.

서리태메조죽

노란빛 고운 메조를 푹 불려 삶습니다. 자그마한 알알마다 밝은 빛을 담아서, 사람들의 기운을 북돋우고 응원하며 익어갑니다. 검은색 서리태도 삶아 갈아 줍니다. 겉은 비록 검다 하지만 속은 새싹 같은 초록을 품고 있어요. 그런데 한데 모아 끓였더니 우리 스님 먹물 옷 빛깔이 되어버렸습니다. 환한 노란빛도, 기운찬 초록빛도, 깨달음의 색이 되어 보글보글 익어가나 봅니다.

서리태 1컵, 메조 1컵, 소금 약간, 물 10~11컵

1 메조는 미리 씻어 불린 후 끓는 물에 넣고 퍼지게 끓인다.

2 서리태를 씻어 삶은 후, 삶아진 콩을 믹서에 거칠게 간다.

3 조가 퍼지면 콩과 소금을 넣고 끓여 낸다.

흑임자죽

겉이 검다고 속조차 검겠냐던 시조가 생각납니다. 만든 사람 맘도 모르고, 새까만 죽이라며 손사래 치는 이가 내심 야속하지요. 잠시라도 있는 그대로 죽을 바라보고 있노라면 고소한 깨 냄새에 결국 숟가락을 들게 될텐데 말이지요. 혹여나 이 계절에 기운이 처질 새라, 향이 깃든 그곳에서 정성들여 흑임자를 갈았으니, 겉만 보고 판단치 마시고 속에 담긴 그 맘을 살펴주세요.

세간의 막대한 부를 얻게 된들
나의 맘 작용은 행복 그 자체인걸
지옥이 변하여 천당이 이뤄지리
모두가 자유자재한 나의 작용이다.

흑임자 1/2컵, 쌀 1컵, 소금 약간, 물 9컵

1. 쌀은 씻어 볶다가 물을 부어 뭉근히 끓인다.
2. 흑임자는 씻어 물 1컵을 넣고 곱게 갈아둔다.
3. 쌀이 퍼지면 흑임자를 넣고 한소끔 끓인 후 소금으로 간한다.

팥연자죽

동지팥죽 먹은 지가 얼마나 됐다고 또다시 팥죽 생각이 납니다. 달님 닮은 옹심이로 동지를 환히 밝혔으니, 차분한 연자로는 고요한 아침을 밝혀봅니다. 껍질 벗겨진 연자는 반씩 쪼개 심을 제거하고, 찹쌀 가루를 넣어 끓여주세요. 삶은 팥은 잘 갈아 두었다 한 소끔만 잘 끓여줍니다.

> 부처님께서 제자들에게 장려하신 죽식
> 납월 팔일 성도에 졸음을 깨우는 죽
> 입을 다물고 다만 본참화두로
> 온 힘을 기울일 일이다.

삶은 팥 2컵, 연자 1/2컵, 찹쌀가루 3큰술, 소금 약간, 물 6컵

1 팥은 뭉근히 삶아서 곱게 갈아둔다.
2 연자는 씻어 반쪽씩 쪼개어 심을 제거하고, 물에 넣어 끓이다가, 찹쌀가루를 넣고 한 번 더 끓인다.
3 연자가 익으면 갈아둔 팥을 넣고 한소끔 끓인 후 소금 간을 해서 낸다.

콩나물죽

달큰한 겨울 배추와 무를 먹기 좋게 썰어줍니다. 샛노랑 머리의 콩나물은 여러 번 씻어주어야 해요. 식촛물에 잠시 담궜다 건져주면 더욱 좋지요. 각양각색 재료의 식감이 한데 어울려 춥고 잔잔한 아침이 활기차 집니다.

죽은 곧 선식
기증을 제거하고
목마름을 없애주고
기를 단전에 내리게 하고
배꼽아래의 냉을 제거하고
체증을 지워준다고
죽은 말한다.

콩나물 150g, 무 100g, 밥 1공기, 배추잎 3장, 느타리버섯 1줌, 고운깨소금 3큰술, 간장 1작은술, 소금 약간, 물 6~7컵

1. 배추는 쫑쫑 썰고, 무는 채 썰고, 느타리버섯은 길게 찢은 후 밥과 함께 끓는 물에 넣어 20분 정도 끓인다.
2. **1**에 콩나물을 쫑쫑 썰어 죽에 넣고, 간장, 소금으로 간하여 고운 깨소금과 함께 낸다.

죽의 이로움이 있다.
안색을 좋게 하고, 힘이 나게 하며
수명을 안락하게 하고, 정신이 안락함을 주고
말씀씨가 시원하게 하며, 소화를 좋게 하며
감기에 걸리지 않게 하며, 공복감을 충족시키며
목의 갈증을 풀어주고, 대소변을 잘 조절해준다는
이로움이다.
<마하승기율>

배추무죽

달큰하게 맛이 오른 한겨울 무배추를 썰고, 표고는 다집니다. 밥과 함께 푹 퍼트려 보아요. 김치 담는 것처럼 빨갛게 끓이기는 뒤로 미루고, 오늘은 고소한 아침을 맞이 하렵니다. 잘 갈아둔 콩가루 한 컵을 마저 넣어서 부족하기 쉬운 겨울의 영양분도 더해주었지요. 덕분에 오늘 하루 이 추위도 잘 이겨낼 수 있을 것 같네요.

배추잎 7장, 무 100g, 밥 1공기, 표고버섯 2개, 간장 2큰술, 날콩가루 1컵, 물 10컵

1 배추와 무는 썰고 표고버섯은 다져서 물을 넣고 뭉근히 끓인다.

2 1에 밥을 넣고 중불에서 퍼지게 끓인다.

3 2에서 밥이 퍼지면 날콩가루 1컵을 넣고 끓인 뒤, 간장으로 간한다.

토란죽

고이 저장해둔 토란을 꺼내어 듭니다. 흙 장갑 낀 손으로 끙끙대며 포슬포슬 알토란을 거두어 두길 잘했습니다. 간지러워 잘 잡지도 못하는 토란을 쌀뜨물에 삶아서 무와 함께 뭉근히 끓여줬어요. 쌀이 잘 익어갈 제 두부도 툭툭 넣어줬지요. 뽀얀 국물에 뽀얀 들깨가루 함께 내어 봅니다. 아랫배도 뜨끈하니 든든한 하루 되시기 바랍니다.

토란 5알, 쌀 1/2컵, 두부 1/3모, 무 100g, 소금 약간, 들깨가루 1컵, 물 7컵

1 토란을 까서 썰어 뜨거운 물에 삶아낸다.
2 무는 삐져 쌀과 함께 볶아 토란을 넣고 뭉근히 끓인다.
3 쌀과 토란이 80%정도 퍼지면 두부를 썰어 넣고 한소끔 끓인 다음 불을 끄고 소금 간을 한다.
4 들깨가루와 함께 낸다.

갑자기 소나기를 만나면
토란잎이 그리 반가울 수 없다.
순간적으로 해가 뜨거울 때
토란잎 그늘이 그리 고마울 수 없다.
토란잎 아래
웅크리고 앉아있는 내가 토란 같다.
그래서 토란을 웅크린 올빼미 같다 했던가!
토란의 노란 꽃과 연잎 같은 토란잎이 아름다워
난 흙속에 자라나는 연꽃이라 하고 싶다.

마른능이버섯죽

여러 대중이 생활하는 이곳에서는, 한 명이라도 감기에 걸리면 쉬이 여러 명이 고생을 하게 됩니다. 그게 콩 한쪽도 아닌데 도란도란 나누어 콜록거리기 일쑤지요. 버섯 중 제1이 능이라지만, 향과 맛뿐 아니라 영양도 제1이길 바라며 감기죽을 끓입니다. 불린 국물도 한 방울 남김 없이 탈탈 털어다 콩나물도 함께 넣어 죽을 끓여요. 아프지 마라, 아프지 마라, 부디 이 죽 한 그릇이 보약이 되어라 마음도 꾹꾹 눌러 담아줍니다.

마른능이버섯 15g, 쌀 1컵, 콩나물 150g, 밤 2개, 무 200g, 마른 표고버섯 5개, 다시마 3조각, 간장 2큰술, 물 10컵

1. 쌀을 볶아 물을 넣고 끓인다.
2. 능이는 물에 불려 잘게 찢어두고, 표고버섯은 불려서 채 썰고 무는 삐져둔다.
3. 2를 1에 넣고 함께 끓이다가 쌀이 퍼지면 밤 2개를 썰어 넣고 다시마를 넣었다 뺀다.
4. 죽이 퍼지면 간장과 콩나물을 넣어 끓여 낸다.

*능이가 낙엽빛깔을 가진 꽃잎마냥
활짝 피었더랬다.
반가운 손으로 살살 가져와 말려두었다.*

*소한의 추위가 감기를 부르는 구나.
마른능이, 콩나물 넣어 감기약죽 끓여야지!*

파래죽

신중단에 오늘도 파래가 올라왔어요. 첨엔 짠 내 나는 바다향에 겨울이 왔나 했는데, 이제는 너무 잦아 지혜가 필요하게 되었어요. 또 파래 무침이냐 투덜거릴 대중들 입을 막으려면 새로운 음식을 만들어야 해요. 점심때 후원 찬으로 나가는 대신 쫑쫑 썰고 된장 풀어 아침 죽을 만듭니다. 담백하다, 감칠맛 난다 그 한마디에 환희심이 돋아요.

파래 1재기, 밥 1공기, 표고 3개, 된장 2큰술, 참기름 1작은술, 물 7컵

1 참기름에 표고를 볶다가 밥을 넣고 함께 끓인다.

2 파래를 씻은 후 쫑쫑 썰어 *1*에 넣고 된장도 함께 넣어 뭉근히 끓인다.

섬이 바빠진다.
바다도 덩달아 바빠진다.
겨울의 파래죽은
섬과 육지를 이어준다.
소금으로 비릿함을 씻어주되
바다내음은 남게 하는게
어렵디 어렵다

시래기된장죽

귀찮아 버리고 싶은 맘 꾹꾹 눌렀습니다. 사실 스승님이 무서웠어요. 고작 무청 쪼가리인데, 버리다 걸리면 불호령 떨어질 것 같았거든요. 시래기를 삶는 동안도 힘들었어요. 차가운 겨울에 봄볕 들 때까지, 푹푹 삶아야 부드러워 질 게 뻔하니 말이예요. 거기에 싸래기는 왠 말이래요. 그냥 멥쌀 넣어도 충분할 것 같은데요. 그런데 막상 만들어보니 알겠네요. 겨우내 말리던 시래기가 부드럽고 고소한 이 죽이 되기까지, 내가 배워야 할 것들이 참 많았던 걸요.

삶은 시래기 700g, 싸래기쌀 1컵, 물 10~12컵

1. 시래기는 질긴 부분을 벗겨내고 4~5cm로 썰어 양념장에 버무려 둔다.
2. 양념된 시래기를 볶다가 물을 넣고 뭉근히 끓인다.
3. 싸래기쌀을 씻어 **2**에 넣고 죽이 될 때까지 끓인다.

양념
된장 2큰술, 간장 1큰술

따뜻하고 편안한 눈으로 남을 보고
웃는 얼굴로 남을 대하고
단정한 말과 겸허하고 겸손한 맵시로
사람을 대하는 것이
무재시의 공양이라 한다.

잠을 잊어버리고 수행하는
선방의 음식은 정진을 위한 죽.

기력을 잃어버리고 식욕 없는
노스님을 위한 음식은 치료를 위한 죽.

검은깨 빻아 넣고 연근 다져 넣어
준비되었으면, 겨우내
수행한 스님들 맞이하러 가세나.

흑임자연근죽

예로부터 귀한 식재료로 여겨지던 흑임자와 연근입니다. 한 번에 갈아 후루룩 끓이면 편할 법도 한데, 연근은 껍질 벗겨 고이 다지고, 흑임자는 입안에서 껄끄럽지 않게 정성 들여 갈아서 준비합니다. 재료의 성품에 맞춰 저 또한 귀히 다루었으니, 이 죽 드시고 공부하시는 모든 분들 이 순간 겸허히 빛나시기를 바랍니다.

흑임자 1컵, 연근(中) 1개, 찹쌀가루 3큰술, 참기름 3방울, 소금 약간, 물 7컵

1. 연근을 다져 참기름에 볶다가 물을 넣고 중불에서 15분 정도 끓인다.
2. 연근이 퍼지면 찹쌀가루를 넣고 흑임자 간 것을 넣은 후 한소끔 끓인다.
3. 소금으로 간한다.

연자죽

연꽃의 씨앗으로 만든 고요한 죽입니다. 속을 편안하게 해주고 몸을 가볍게 만들어 주지요. 여기에 현미와 우유까지 넣어 풍부한 영양죽을 만들었습니다. 그 옛날 수자타 여인이 고행중이신 싯다르타께 올린 유미죽에 비할 수는 없겠지만, 이 죽 받으시는 모든 분들이 환희 깨어나시고, 큰 부처님 이루시기를 바래봅니다. 고요히 피어난 이 한 그릇 죽에 소리 없이 발원으로 담아 봅니다.

연자 1컵, 현미쌀 1컵, 소금 약간, 우유 3컵, 물 6컵

1 현미는 불려 믹서에 간 후, 불린 연자와 함께 물을 넣고 끓인다.

2 *1*이 80% 정도 퍼지면 우유를 넣고 소금으로 간한다.

진리로 오시고
마땅히 공양 받을 만한 분이시고
바르게 아시고
지혜와 실천을 겸비한 분이시고
깨달음의 세계로 가시고
세상을 잘 아는 분이시다.
세상의 주인공들아

아침을 담은 죽

초판	1쇄 발행 2024년 10월 12일
	2쇄 발행 2025년 6월 3일
지은이	법송 스님
기획 편집	신영지 jajabooks@naver.com
글	법송 스님 오은미 신영지
사진	최해성 haesung-99@hanmail.net
디자인	모은영캘리그라피디자인 www.moeunyoung.com
캘리그라피	모은영 @mo_calligraphy
발행인	신영지
발행처	도서출판 자자
출판등록	제2021-000019호(2021. 3. 12)
주소	대전 서구 도마동 배재로91번길 22-11
인쇄 제본	퍼스트출력
ISBN	979-11-976005-1-7

이 책은 저작권법에 따라 보호받는 저작물이므로 무단전제와 복제를 금지합니다.
이 책 내용의 일부 혹은 전체를 사용하려면 저작권자 및 도서출판 자자의 서면동의를 받아야 합니다.
파손된 책은 구입처에서 교환해 드리며, 책값은 뒤표지에 있습니다.